Die historische Begegnung zwischen dem bekanntesten Kulinariker Deutschlands und dem bekanntesten kulinarischen Event der Welt: Wolfram Siebeck meets »Dinner for one«. Der Blick auf den Tisch der Miss Sophie kommt diesmal nicht aus den glasigen Augen des Butlers, sondern aus der Küche – denn irgend jemand muß das Zeugs ja kochen, damit die Lady ihre Alkoholika nicht trocken runterwürgen muß. Wolfram Siebeck ist in die Haut des Kochs geschlüpft.

Außerdem erzählt Siebeck in diesem Band viele liebgewordene Märchen vom Essen und Gegessenwerden neu und würzt das Ganze mit märchenhaften Rezepten aus seiner sagenumwobenen Küche.

Wolfram Siebeck, Jahrgang 1928, war ursprünglich Pressezeichner und Filmredakteur. Der Durchbruch gelang ihm als kulinarischem Publizisten, Restaurantkritiker und (Fernseh-)Koch. Er lebt in Bayern.

Wolfram Siebeck

Ich kochte das Dinner for one ...
... und andere Märchen

Fischer Taschenbuch Verlag

Veröffentlicht im Fischer Taschenbuch Verlag GmbH,
Frankfurt am Main, Dezember 1998

Lizenzausgabe mit freundlicher Genehmigung der
Eichborn Verlags GmbH & Co., Frankfurt am Main
Die Originalausgaben erschienen unter den Titeln
›Ich kochte das Dinner for one‹
© Vito von Eichborn GmbH & Co. Verlag KG, Frankfurt am Main 1995
und
›Tischlein deck' dich!‹
© Vito von Eichborn GmbH & Co. Verlag KG, Frankfurt am Main 1996
Gesamtherstellung: Clausen & Bosse, Leck
Printed in Germany
ISBN 3-596-13816-7

Inhaltsverzeichnis

Ich kochte das Dinner for one ...

... und andere Märchen

Ich kochte das Dinner for one

Erstes Kapitel

*In dem von Robinson Crusoe die Rede ist und
eine indische Suppe angekündigt wird.*

Für meinen Vornamen kann ich nichts. Meine Mutter war
Französin, deshalb Alphonse. Aber zeit meines Lebens werde
ich Alfie genannt.

»Alfie!«

Das ist James. Er kommt nicht einmal in die Küche, wenn
er was von mir will.

»Alfieee!!! Bist du fertig?«

Als wäre ich jemals nicht fertig gewesen mit dem Dinner.
Er will mich nerven, sonst nichts. Und er nervt mich, das alte
Arschloch.

»In acht Minuten serviere ich die Suppe. Ich hoffe, du hast
deine fettigen Haare rausgefischt.«

Das kenne ich auswendig. Das sagt er jedes Jahr, wenn ich
das Silvestermenü für Miss Sophie koche. Darauf antworte ich
schon lange nicht mehr. Ich zahl's ihm später heim.

Meinem Vater, der die *Frogs* nicht leiden konnte, und auch
mit der Verwandtschaft meiner Mutter nichts am Hut hatte,
war es merkwürdigerweise egal, daß *Maman* mich Alphonse
taufen ließ. Eigentlich sollte ich Alexander heißen. Viele
männliche Mitglieder unserer Familie heißen Alexander. Weil
nämlich einer unserer Vorfahren der berühmte Alexander
Selkirk war, der das Vorbild für Robinson Crusoe gewesen
sein soll. Aber für dieses eine Mal hat Mutter ihren bretoni-
schen Dickschädel durchgesetzt.

Ich höre, wie James in seinem kleinen Kabuff rumort, das

er hochtrabend Butler's Pantry nennt. Wahrscheinlich steht er vor dem Spiegel und bürstet sich Pomade in die Haare. »Alfie, ich gehe jetzt mit dem Sherry raus. In zwei Minuten kannst du die Suppe einfüllen, klar?«

Zweites Kapitel

Alfie begegnet der französischen Küche und wird des Verzehrs von Fröschen und Schnecken verdächtigt.

Die Suppe ist eine *Mulligatawny*, wie jedes Jahr. Und wie jedes Jahr stammt sie aus der Dose. Miss Sophie stellt keine großen Ansprüche ans Essen. Mir soll's recht sein, Ehrgeiz macht nur nervös.

In meiner Kindheit war ich einige Male auf dem Kontinent, in dem Dorf, aus dem Mutter stammte. Es heißt Loctudy und liegt in der Bretagne. Dort bin ich zum ersten Mal der französischen Küche begegnet. Zu Hause mußte Mutter immer so kochen, wie es mein Vater gewohnt war. Nichts mit *Cuisine française*, die er nicht mochte. »Diese Saucen«, stöhnte er immer, »damit verklebt man sich ja nur den Schlund!« Und wenn er das Wort Knoblauch hörte, hielt er sich sofort die Nase zu. Von gutem Essen verstand er wenig. *Fish 'n' Chips* und sonntags ein Roastbeef, das genügte ihm.

Draußen redet Miss Sophie mit James. Ich kann nicht verstehen, was sie sagen. Aber ich weiß es aus den langen Jahren, die ich für sie koche. »Ist alles in Ordnung, James? Mein alter Freund Winterbottom, sitzt er an seinem Platz ...?« Wie in dem Weihnachtsstück, das wir jahrelang in der Schule aufgeführt haben. Wir konnten es schließlich auswendig. Nicht nur die Schüler auf der Bühne, auch die im Saal: »Eine frohe Weihnacht, Mister Hobbes, Ihnen und Ihrer werten Familie sowie dem kleinen Esel auf der Weide!« Dem kleinen Esel auf der Weide! Kleine Esel, kleine Hasen, kleine Lämmer. Alles muß klein und niedlich sein.

Dabei ist mir eine Hammelkeule zehnmal lieber als das fade Fleisch vom lieben, kleinen Lämmlein. Ist eine richtige Mode. Baby-Karotten nennen sie es heute, wenn die Karotten nicht ausgewachsen sind und deshalb auch keinen Geschmack haben. Kann mir mal einer sagen, wonach ein Baby schmeckt, beziehungsweise riecht? Es riecht nach Pipi oder nach Seife. Das reicht doch nicht für einen anständigen Braten. Bei einem Lamm ist das doch nicht anders.

Bei Wilton's, wo ich einen Sommer als Aushilfe auf dem Entremetier gearbeitet habe, hatten sie sogar Baby Sole auf der Karte. Weil mittags so viele Geschäftsleute aus der Umgebung allein kamen und sich nicht richtig satt essen wollten. Baby-Seezunge – das ist doch Kindermord! Und alles nur aus Sparsamkeit.

Auf der anderen Seite hatten sie bei Wilton's einen *Patissier*, der den ganzen Tag nur mit Zucker arbeitete! Ein Mann allein für Dekorationen! Kein Mensch aß das, aber daran herumfummeln taten alle. Keine Figur kam unbeschädigt zurück in die Küche.

In Loctudy kochte meine Großmutter. Und wie sie kochte! Wenn wir zu Besuch waren, stand sie den ganzen Tag in der Küche und putzte Gemüse, schuppte Fische und zerlegte Kaninchen in Stücke. Sie verbrauchte so viel Sahne und Wein für ein Sonntagessen wie wir zu Hause nicht einmal in der Woche, ganz abgesehen davon, daß mein Vater damals nur Bier trank.

Er sah mit Verwunderung, mit welchem Appetit ich all die grausligen Sachen aß, deren Zubereitung ich in der Küche mit großem Interesse verfolgte. »Würdest wohl auch Frösche essen, oder Schnecken, wie?« Damals konnte niemand von uns wissen, daß ich später einmal Frösche nicht nur essen, sondern auch braten würde.

Drittes Kapitel

*Das mit einem Kaninchenrezept beginnt, während James
einen Toast auf Miss Sophie ausbringt.*

Mit dem Kaninchenrezept meiner Großmutter habe ich
übrigens die Abschlußprüfung in der Kochschule in Bradford
bestanden. Es ging so:

*Man nehme ein junges Kaninchen
von höchstens 1,4 pound
(heute rechnen wir in Kilo,
das wäre dann etwas weniger)
und zerlege es in 6 Teile.
Den Kaninchenkopf, den meine
Großmutter immer mitgeschmort
hatte, habe ich vorsichtshalber
erst gar nicht erwähnt. In manchen
Dingen sind wir Engländer
sehr empfindlich, wenn wir auch
nichts dabei finden, unseren Tee in
Beuteln ins heiße Wasser zu hängen.
Die Kaninchenstücke werden von
allen Seiten in Butterschmalz
angebraten. Dabei salzen und
pfeffern. Dann eine Handvoll klein-
gehackte Schalotten in die Pfanne
geben, leicht anrösten lassen
und mit Cidre aufgießen.*

»Is that a dry Sherry, James?«, höre ich Miss Sophie fragen. Dann seine bejahende Antwort. Gemurmel. Dann das unvermeidliche: »Skoll!«

James haßt Admiral von Schneider. Noch mehr haßt er »My very dear friend, Mr. Winterbottom«, wie ihn Miss Sophie immer nennt. Sie hatten wohl alle mal was mit ihr; ich kannte nur Sir Toby und den Admiral.

Als ich die Küche in Elmers Hall übernahm, waren die anderen bereits tot. James machte Andeutungen. Wenn er voll war, wurde er auch deutlicher. Danach muß es vor allem Mr. Winterbottom gewesen sein, auf den James eifersüchtig war. Denn daß er die alte Dame liebt, ist klar.

»Alfie – die Suppe!«

James erscheint in der Küchentür. Eigentlich ist er schon zu alt. Müßte längst in Pension sein. Dabei macht er eine gute Figur, jedenfalls im Gegenlicht, wie jetzt, wenn er aus dem Eßzimmer kommt. Er geht etwas steif, aber bei ihm sieht's würdevoll aus. Das heißt, solange er nüchtern ist. Er greift zum Tablett mit dem Teller. Ich fülle die Suppe ein, sie dampft. Das ist die Präzision, die aus der Routine kommt. Mit kontrolliertem Schwung dreht er sich zur Tür und startet zu seinem zweiten Auftritt.

Viertes Kapitel

*Verrät, wie Alfie eine Suppe kochen würde, wenn er sie tatsächlich
kochte, und welchen Sinn eine Linsenbrühe in der Küche hat.*

Mulligatawny Soup

*Zutaten: 1 kleines Suppenhuhn;
2 mittelgroße Zwiebeln;
50 g Butterschmalz; Currypaste.
Das gewaschene Huhn in 8 oder
mehr Stücke schneiden, mit
kaltem Wasser aufsetzen und zum
Kochen bringen. Leicht salzen
und ganz sanft köcheln lassen.
Immer wieder abschäumen.
Nach 2 bis 2½ Stunden wird es
gar sein. Herausnehmen und
enthäuten. Das Fleisch von den
Knochen lösen und in eine
Suppenterrine legen.
Die Hühnerbrühe entfetten.
Die Zwiebeln in sehr dünne Scheiben
schneiden, in dem Butterschmalz
hellbraun braten und zum
Hühnerfleisch in die Terrine legen.
Nun die Currypaste mit etwas
Brühe verrühren und dann in der
Suppe aufkochen. Die heiße Suppe
über Fleisch und Zwiebeln gießen
und servieren.*

Die Menge der Currypaste richtet
sich nach ihrer Schärfe, welche sehr
unterschiedlich sein kann.
Die fertige Suppe sollte jedenfalls
ziemlich scharf sein.

In der Armee, wo ich in der Küche arbeitete, haben wir die *Mulligatawny* immer mit dem Kochwasser von Linsen zubereitet. Das sei die original indische Version, behauptete Major Collamy, der einen indischen Boy hatte. Sgt. Killock, der den Einkauf machte, sagte jedesmal: »Schmeckt wie Affenpisse!«, traute sich aber nicht, uns die Linsenbrühe zu verbieten. Ich fand's gar nicht so schlecht, und die dunkle Farbe gab der Suppe tatsächlich etwas Exotisches.

»Happy New Year, Sophie!« Das ist James als Mr. Pommeroy. Der liegt ihm. Soll ein stattlicher Kerl gewesen sein, aus Oxfordshire, ein leidenschaftlicher Reiter. In seiner Zeit wurde die Remise gebaut. Miss Sophie hielt sich zwei Pferde, damit sie mit ihm ausreiten konnte. Er angelte auch gern, und in der Remise hängt ein ausgestopfter Hecht an der Wand, über einen Meter lang, den hat er angeblich hier im Fluß geangelt. Sonst erinnert hier nichts an Mr. Pommeroy.

Als ich in London im Connaught arbeitete, hatten wir dort einen Pommeroy in der Herrentoilette. Er stammte wie ich aus Yorkshire und lispelte. Wir haben ihn nachgeäfft: »May I path you the thoap, Thir, pleathe?«

Wer den Gentlemen mittags und abends die Schuppen von den Schuhen bürstet, fühlt sich selbst als was Besseres. Eines Tages lag er tot neben seinen Bürsten auf den Fliesen. Gehirnschlag. Ich war sogar auf seiner Beerdigung, obwohl ich damals schon bei Simpson's-in-the-strand arbeitete.

Fünftes Kapitel

Alfie erinnert sich an ein berühmtes Restaurant im Strand und verrät,
woher gegrillte Seezungen das Kreuzmuster haben.

Die Tür fliegt auf. Hoppla! James hat einen starken Auftritt. Und eine leichte Fahne. Viermal Sherry auf leeren Magen. Mich würd's umhauen. Aber James, der alte Schluckspecht, trainiert täglich. Miss Sophie mit ihren neunzig Jahren ist auch nicht gerade ein Vorbild für die Klosterschule. Ein Wunder, daß mir am Alkohol nichts liegt.

Die Chefs, bei denen ich gearbeitet habe, soffen alle wie die Ketzer. Mr. Caldoroli von Simpson's nannten wir nur The Bottle. Wenn der morgens reinkam, verschwand er sofort in seinem Office und rief den jüngsten Commis. Der wußte schon Bescheid und brachte eine Flasche Mumm und ein Bierglas. Mr. Caldoroli trank Schampus nur aus Biergläsern. Er kam auf drei Flaschen täglich, und nur wir in der Küche merkten es ihm an. Der konnte mit drei Flaschen im Bauch eine Seezunge immer noch besser filieren als der *Poissonnier*.

Seezungen waren übrigens eine Spezialität bei Simpson's:

Dover Sole grillée

Pro Person eine Seezunge von 400 g
enthäuten und die Ränder mit den
kleinen Gräten abschneiden.
Salzen, mit Mehl bestäuben und

einölen. Auf den heißen Grill legen
und nach 2 Minuten um 90 Grad
drehen, so daß ein Kreuzmuster
entsteht. Nach weiteren 2 Minuten
erneut ölen und die Seezunge
wenden. Weitere 4 Minuten grillen
und dabei noch einmal drehen. Mit
Petersilie und Zitronenschnitzeln
anrichten. Dazu
Kräuterbutter servieren.

Während James die geöffnete Flasche Chablis aus dem Eiskühler hebt, hole ich den Teller mit dem Fisch aus dem Ofen. Er war etwas früher fertig, als es nötig gewesen wäre. Also habe ich ihn warmgestellt.

Als »Little bit of North Sea haddock, Miss Sophie« wird James ihn gleich ankündigen. Hoffentlich ist er nicht bereits ausgetrocknet. Aber Miss Sophie nimmt es nicht so genau. Hauptsache, ihren Gästen schmeckt's.

»Cheerio, Sophie, me gal …«, sagt soeben Sir Toby, beziehungsweise James. Nach Portwein trinkt er Chablis am liebsten, das weiß ich.

Das unterscheidet ihn von Sir Toby. Der bevorzugte Claret, aber eigentlich war er erst glücklich, wenn er sein Rotweinglas wegstellen und zum Whisky greifen konnte. Sir Toby war Schotte. Als ich in Elmers Hall anfing, war er schon über siebzig. Er fuhr einen Morgan-Viersitzer, wie ihn die Landärzte haben. Mit diesem Auto ist er auch verunglückt. Im New Forest wollte er einem Pferd ausweichen und fuhr dabei gegen einen Baum. Das Pferd habe ihn für den Veterinär gehalten und ihn attackiert, erzählt man sich in »The Pearl & Sikkel«, wo ich manchmal ein Bier trinke.

Sechstes Kapitel

Noch ein Rezept und einige Anmerkungen über Kunst und Künstler.

Schellfisch à l'anglaise

*Pro Person eine dicke Scheibe
Schellfisch in Salzwasser mit einem
Schuß Essig unter dem Siedepunkt
ziehen lassen. Im Gegensatz zum
Lachs soll der Fisch an den Gräten
nicht mehr glasig sein, sondern
durchgekocht. Aber nur so lange, bis
das Fleisch nicht mehr grau, sondern
weiß ist. Dann herausnehmen und
gut abtropfen lassen. Mit oder
ohne Haut auf einem Teller mit
Zitronenvierteln und gehackter
Petersilie anrichten. Dazu
zerlassene Butter und Salzkartoffeln.*

Kein tolles Rezept. Meine Großmutter würde sich im Grabe herumdrehen, wenn sie wüßte, daß ich nichts Besseres aus einem Schellfisch machte. Aber sie liegt in Loctudy begraben, und wir sind hier in England. Zerlassene Butter wurde bei ihr mit einer Prise Zucker gebräunt und mit Kapern vermischt. Zum Beispiel zu Rochenflügel. Einmal habe ich ihn so für Miss Sophie gekocht, ein einziges Mal. Als James die Teller wieder in die Küche brachte, sah ich, daß Miss Sophie keine

Kaper angerührt hatte. Da habe ich den Fisch dann wieder so gekocht, wie sie es gewohnt war.

An jenem Tag war Sir Tobys Nichte zu Besuch, eine Malerin, die den ganzen Tag mit dem Aquarellblock unterwegs war. Wenn sie zum Tee zurückkam, mußte James die künstlerische Ausbeute bewundern. »Sehr schön, Miss Hampelton, wirklich sehr schön!« Oder: »Außerordentlich gelungen, Miss Hampelton, ganz außerordentlich!« Er weiß, wie man mit den Damen redet, das muß man ihm lassen.

Ich habe einmal einige dieser »Kunstwerke« gesehen, als die Damen in der Kirche waren. Die Blätter hatten sie offen im Salon herumliegen lassen. Ich verstehe zwar nichts von Kunst, obwohl ich einmal für ein Büffet bei Simpson's eine Torte gemacht habe, die war einmetersechsunddreißig hoch und mit dreizehn allegorischen Figuren aus gesponnenem Zucker dekoriert, acht auf dem Sockel, vier auf der ersten Etage und eine auf der Krone. Da es ein Bankett für die Zeitungsleute aus der Fleet Street war, berichteten am nächsten Tag alle Zeitungen von dem Bankett, und die Mail und der Telegraph haben meine Torte erwähnt.

»Grandioser Höhepunkt«, nannte sie die Mail. Leider habe ich vergessen, sie zu fotografieren. Aber den Artikel habe ich noch.

Wenn ich vorhin etwas gegen Figuren aus gesponnenem Zucker gesagt habe, so darf man den Anlaß nicht übersehen. Neben einem Parfait auf dem Dessertteller ist gesponnener Zucker Blödsinn, weil ihn ja niemand wirklich ißt. Die Kollegen, die das noch herstellen, wollen nur zeigen, was für Künstler sie sind.

Die Kunstwerke von Miss Hampelton schienen mir nicht so gelungen zu sein, wie James das immer beteuerte. Ein Aquarell hat sie Miss Sophie geschenkt. Da sie es vorsichtshalber hat rahmen lassen, hängt es nun in der Bibliothek. In einer dunklen Ecke, wie ich nicht ohne Genugtuung hinzufügen möchte. Es stellt den Blumengarten dar, und man erkennt auch einen Teil des Küchengartens, wenn man ein bißchen Phantasie hat. Wenn es nach mir ginge, würde es neben dem Hecht in der Remise hängen.

Siebentes Kapitel

Die Vorliebe einer älteren Dame für Champagner und die Rolle,
die dieser im Leben eines Küchenchefs spielt.

James ist in Aktion. Sein »Skoll . . .« ist deutlich zu hören. Das macht vier Gläser Chablis auf den Sherry und ist erst der Anfang. Zum nächsten Gang gibt es Champagner. Darauf besteht Miss Sophie, ob er paßt oder nicht. Er paßt eigentlich nie. Voriges Jahr habe ich ein Roastbeef gemacht, zwölf Stunden im Ofen, nach der Niedrigtemperaturmethode. Ein Gedicht! Darüber hätte die Mail ebenfalls schreiben können. Bestes schottisches Rindfleisch, wunderbar marmoriert und auf den Punkt genau gebraten. Ein Ausstellungsstück. Leider merkt Miss Sophie so etwas nicht. Ich sagte ja schon, sie ist nicht sehr anspruchsvoll. Sie ißt nur ganz wenig. Hauptsache, es gibt Champagner.

Das heißt aber nicht, daß sie trinkt, wie Mr. Caldoroli gesoffen hat. Sie haben ihn vorzeitig pensionieren lassen. Es wurde gemunkelt, er habe pro Jahr weit über tausend Flaschen Schampus verkasematuckelt. Ob es wirklich so viele waren, kann ich nicht beschwören. Ich war ja nur etwas über ein Jahr bei Simpson's. Aber daß sie dort äußerst sparsam waren, sah man schon an den gestopften Tischdecken. Und bis einmal eine Serviette ersetzt wurde, mußte sie an den Rändern schon ziemlich ausgefranst sein. Der Lohn war dementsprechend. Die Kellner konnten sich davon keine neuen Klamotten kaufen, und so liefen sie alle in blankgewetzten und abgeschabten Jacken durch den Service. War auch einer der Gründe, warum ich dort die Fliege gemacht habe.

Ich hocke gerade vor dem geöffneten Backofen, als James in die Küche kommt. Das Huhn macht einen guten Eindruck. James nicht. Mit der linken Hand hält er sich am Türrahmen fest, die rechte umklammert die Weinflasche. Er sagt etwas, und es klingt wie »Sssssskolll . . .«.

»Das Huhn ist fertig«, sage ich, als hätte ich nichts gehört. Sein glasiger Blick läßt nicht erkennen, ob er mich verstanden hat. Aber dann macht er ein paar Schritte in meine Richtung, stellt dabei die Weinflasche ab und streckt die Hände aus. Kerzengrade! Er ist wirklich ein alter Profi.

Ich hebe das Huhn aus dem Ofen und lege es auf die bereitgestellte Platte. Ein Löffel Bratensaft drüber – fertig. Sieht nicht schlecht aus. Die Schale mit den Kartoffeln ist vorbereitet, sie kommt zum Huhn aufs Tablett. James ergreift es mit beiden Händen, dreht sich um, marschiert zur Tür und öffnet sie mit einem Fußtritt; verschwindet. Hoffentlich schafft er es. Vor drei Jahren ist er über den vermotteten Tiger gefallen, der neben dem Eßtisch liegt. Das war beim Dessert, als auch Miss Sophie schon doppelt sah, und es gab Christmas Pudding. Durch die Geistesgegenwart des Admirals von Schneider hielt sich der Schaden in Grenzen.

Achtes Kapitel

*Wie man ein Huhn brät und einen Christmas Pudding
mit Hilfe der Marine rettet.*

Ich habe es zwar nicht gesehen, aber der Admiral wurde nicht
müde, immer wieder zu erzählen, was er für eine von ihm
persönlich gewonnene Schlacht hielt.

James ging also mit dem Christmas Pudding raus und stol-
perte über den Tiger. Miss Sophie und der Admiral prosteten
sich gerade mit dem Portwein zu.

Wahrscheinlich war es das unvermeidliche »Skoll!« des Admirals, das James irritierte. »Wie kann ein Mensch, dessen
Dinner Jackett aus der Savile Row stammt, einen dermaßen
vulgären Toast ausbringen!« beschwerte er sich immer wieder.
Und jetzt, wo der Admiral nicht mehr existiert, muß er selber
das verabscheuungswürdige Wort gebrauchen. Miss Sophie
will es so.

James stolpert also über den Tiger, und der Christmas Pudding fliegt ihm in hohem Bogen vom Tablett. Fliegt direkt auf
Miss Sophie zu! Das ist der große Moment des Admirals von
Schneider. In seiner Jugend war er Ersatzspieler im Cricket-
team von Cambridge. Ganz automatisch schnellen seine
Arme nach vorn – und er fängt ihn! Fängt den Pudding, bevor er bei oder an Miss Sophie landen kann!

Er steht auf, der zerdrückte Pudding quillt zwischen seinen
Fingern hervor, und entschuldigt sich bei Miss Sophie. Dann
geht er in den Waschraum, wo James, der wieder auf den Bei-
nen ist, ihn von den Puddingresten säubert.

Den Fall von James und den Schrei von Miss Sophie hatte

ich in der Küche natürlich gehört und stürzte ins Eßzimmer. Als ich begriff, was geschehen war, sauste ich zurück und öffnete sofort eine neue Dose Christmas Pudding. Wir beziehen ihn von Fortnum & Mason, eine feine Adresse für diese Art von Delikatessen. Miss Sophie hat sich am nächsten Tag ausdrücklich für meine schnelle Reaktion bedankt.

Neuntes Kapitel

*Die Beschreibung des Hühnerbratens wird noch einmal versucht
und die Poularden der Großmutter gewürdigt.*

James segelt mit dem Huhn aus dem sicheren Hafen in die
stürmische See. Es geht gut. Ich höre ihn reden, Miss Sophie
antwortet, er rülpst.

Für ein Brathuhn sollte man eine frisch geschlachtete Pou-
larde nehmen, wie sie meine Großmutter in Loctudy zube-
reitete. Das waren immer Hühner von mindestens zwei Kilo
Gewicht und sechzehn bis achtzehn Wochen alt.

Meine Großmutter kaufte sie lebend beim Bauern. Ich
habe sie mehrmals bei diesen Einkäufen begleitet und fand es
völlig unbegreiflich, wie sie aus so vielen herumrennenden
Hühnern das beste aussuchen konnte. Denn daß sie das beste
kaufte und nicht das zweitbeste, das war bei ihr selbstverständ-
lich. Sie hatte einen speziellen Korb für lebende Hühner
(oder Enten), in dem sie sie nach Hause brachte.

Dann wurde das Huhn geschlachtet. Sie packte es bei den
Flügeln, legte es auf den Holzklotz, der zum Holzhacken im
Hof stand, und schlug ihm mit dem Beil den Kopf ab. Die
Hühner ließen es immer ganz ruhig mit sich geschehen. Erst
als der Kopf in den Staub fiel, wurden sie nervös.

Als ich zum ersten Mal zusah, habe ich mir vor Aufregung
in die Hose gepinkelt. Welche Kinder haben heute noch
die Möglichkeit, beim Hühnerschlachten dabeizusein? Von
einem Besuch im Schlachthaus kämen sie als Neurotiker wieder zurück. Oder als Vegetarier, was ja fast dasselbe ist.

Dann wurde das Huhn gerupft, ausgenommen, gewaschen

und ohne viel Federlesens in den Topf gesteckt. Ohne viel Federlesens, das sagt man so. Mit dem Rupfen des Huhns hat das nichts zu tun.

Zehntes Kapitel

Fortsetzung des Hühnerrezeptes sowie eine Auslassung über die
Trinksitten der Gentry.

Hier in Elmers Hall essen wir regelmäßig Hühner. Miss Sophie liebt Hühnerfleisch mit Curry, was sich glücklich fügt, da
ich bei der Armee einige indische Gerichte kochen gelernt
habe. Der Major hatte einen indischen Boy ... ich erwähnte
ihn bereits. Jedenfalls koche ich jedes Huhn zuerst fast gar, bevor ich es fertig brate oder mit Curry würze.

Plopp! Das war der Champagnerkorken. Ziemlich laut,
mein Alter! Wirst jetzt deine Mühe haben, die Gläser vorschriftsmäßig zu füllen. Das Glas für Miss Sophie und das Glas
für Sir Toby. Für meinen very dear friend, Mr. Winterbottom.
Das Glas für Mr. Pommeroy. Admiral von Schneiders Glas.
Und es sind alles deine Gläser; wohl bekomm's.

Curryhuhn auf englische Art

Das in einer Courtbouillon
gar gekochte Huhn enthäuten
und alle Fleischstücke von den
Knochen lösen.
In 1 Tasse Hühnerbrühe 1/2 EL
Currypaste verrühren und in einem
kleinen Pfännchen einmal kräftig
durchkochen lassen. Zusätzliche
Kräuter und Gewürze untermischen.

*Das können je nach Geschmack frischer,
geriebener Ingwer sein oder durchgepreßte
Zwiebeln; gemahlener Kümmel,
Gewürznelken, eingeweichte und
zerkleinerte Trockenfrüchte wie
Aprikosen oder Rosinen, Pfefferminz-
blätter oder sogar kleingeschnittene
Pfefferwürste, wie sie die Spanier
und die Marokkaner essen.*

Wir hatten bei der Armee auch einen Marokkaner in der Küche, weiß der Teufel, wie der in die Britische Armee gelangt war. Wir nannten ihn Yussuf, obwohl er Richard hieß und sogar getauft war. Wenn der für uns von der Küchenstaffel kochte, verlangte Sgt. Killock, daß wir ihn dabei genau beobachteten. Er glaubte, Yussuf würde Ratten ins Essen tun, wenn wir nicht aufpaßten. Aber es hat immer gut geschmeckt, war allerdings ziemlich scharf. Doch das machte Durst, und so waren alle zufrieden.

Die Party nähert sich dem Ende. Das heißt, es geht hoch her am Tisch. James tut sein Bestes, auf ihn ist Verlaß. Den Portwein hat er schon vor Stunden dekantiert. Ich hole ihn aus seiner Pantry und stelle ihn zu den Früchten aufs Tablett. In einer halben Stunde wird die Karaffe leer sein. 1963er Vintage Port. Den mag er. Ich probiere. Gut. Sehr gut! Ein wunderbarer Wein. Süß und sanft, gleichzeitig aber ein Bulle an Kraft und Aromen. Der wird den Alten fertigmachen, der haut ihn um. Besser für ihn, wenn ich noch ein Glas zur Brust nehme. Im Keller liegen noch zwei, drei Dutzend Flaschen davon. Der Admiral hat sie damals für Miss Sophie gekauft. War selber ein großer Portweintrinker. Wenn James in den Keller ging, um eine Flasche zu holen, rief er ihm jedesmal nach: »Aber bringen Sie einen Dreiundsechziger, James. Das war ein begnadeter Jahrgang!« Dabei hatten wir nur 1963er im Keller, eben jene Flaschen, die der alte Wichtigtuer selbst gekauft hatte. Am liebsten war es ihm, wenn sie zu dritt am Tisch saßen, mit irgendeinem zufälligen Besucher. Dann konnte er nach altem Marinebrauch die Karaffe herumschieben, immer zur links von ihm sitzenden Person. Wer sie nicht weitergab oder sie in die falsche Richtung schob, mußte eine Runde zahlen. Das bedeutete an Miss Sophies Tisch, ein sogenanntes Strafglas trinken.

Zum Dessert wurde bei Miss Sophie immer Portwein getrunken. Auch wenn ein Sauternes besser gepaßt hätte. So zum Beispiel zu einem

Kokosparfait mit Ananas

*Man schneidet eine reife Ananas
in vier längliche Stücke und entfernt
den inneren, harten Strunk. Dann
fährt man, wie bei einer Melone,
mit einem Filiermesser zwischen der
Schale und dem Fleisch entlang,
so daß dieses vollständig von der
dicken Schale gelöst ist.
Nun schneidet man es quer in
gleichmäßige Würfel, die in ihrer
ursprünglichen Lage auf der Schale
verbleiben.
So serviere ich die Frucht
bei vier Personen.
Das Parfait wird wie jedes normale*

Parfait hergestellt. (Mit Eigelb,
Zucker und geschlagener Sahne.)
Zusätzlich werden Kokosflocken,
ungefähr 1 Teelöffel pro Portion,
in warmer Kokosmilch eingeweicht,
danach leicht ausgedrückt und
unter die Parfaitmasse gerührt.
Erst danach ziehe ich die geschlagene
Sahne unter und friere alles über
Nacht ein.
Ananas und Parfait
ergänzen sich bestens,
und die Frucht kann, wie es
Admiral von Schneider bevorzugte,
mit Rum aromatisiert werden.

James behauptet, der Admiral habe das Meer nur vom Fenster seines Büros in den Docks gesehen. Einmal war er am Geburtstag der Königin nicht in London, sondern in Elmers Hall, da trug er seine Uniform. Obwohl James mir »Moss Brothers« zuflüsterte und damit sagen wollte, der Admiral habe sich die Uniform nur geliehen, muß ich um der Wahrheit willen zugeben, daß er außerordentlich stattlich aussah. Die Schärpe, die weißen Handschuhe und der grandiose Hut, dazu die vielen Orden auf seiner Brust, das alles machte den besten Eindruck, nicht nur auf Miss Sophie. Ich hatte einen Fasan gebraten, vorher gab es eine Consommé, ebenfalls vom Fasan, und zum Dessert Ananas mit Kokosparfait.

Elftes Kapitel

Fortsetzung des Hühnerrezepts. James schnauft ein wenig,
während Alfie cool bleibt.

»Alfie, 's' kein Port mehr da. Mach noch 'ne Flasche auf!« Er
ist schwer angeschlagen. Ich beobachte ihn cool, wie die jungen Leute heute sagen; kein Mitleid. Seine Augen sind halb
geschlossen, er atmet schwer und lehnt sich mit dem Rücken
an den Besenschrank. Seine Fliege sitzt schief, eine Strähne
seines pomadisierten Haars hat sich gelöst und hängt ihm ins
Gesicht.

»Schon geschehen«, sage ich ruhig und schiebe ihm den
Portwein zu. Ich kenne ihn besser als mich selbst und habe die
Flasche bereits dekantiert, als das Huhn noch im Ofen war.

> *Um auf das Rezept zurückzukommen:*
> *Das bißchen Brühe wird mit der*
> *verrührten Currypaste und den*
> *zusätzlichen Aromen aufgekocht.*
> *Weitere Brühe angießen, reduzieren*
> *und mit Pfeilwurzmehl dicken.*

Meine Großmutter würde es nicht gutheißen. Die hat nie
Mehl zum Andicken genommen, außer beim *blanquette de
veau*. Statt dessen *demi glace* oder *crème double*. Deshalb hat Vater über die klebrigen französischen Saucen geklagt. Ist ja was
dran. Unsere englische Küche ist zwar nicht so raffiniert wie
die französische, aber bekömmlicher.

Wenn er nur heil zum Tisch kommt! James hat die Karaffe ge-
packt, das Tablett läßt er einfach stehen, und stolpert zur Küche hinaus. Stolpert ist nicht das richtige Wort. Er vollführt
eine wahnwitzige Drehung mit den Füßen, wie es eigentlich
nur mit Schlittschuhen auf Eis möglich ist, dreht sich einmal
um sich selbst und schießt blindlings – ich würde mich nicht
wundern, wenn er jetzt die Augen geschlossen hätte – auf die
Tür zu. Ein donnernder Fußtritt und er ist draußen. Er singt
einige Takte, wird vom Schluckauf unterbrochen, und dann
höre ich Miss Sophies feine, aber feste Stimme: »Admiral von
Schneider!«

Zwölftes Kapitel

Alfie macht Karriere und erinnert sich an die Kochkünste
seiner Großmutter.

Als ich mit der Lehre fertig war, fing ich in einem Pub in Bradford an, »The sunken Dream«. Ein merkwürdiger Name für einen Pub. Ich hielt es zunächst für die Anspielung auf einen Schiffsuntergang. In der ersten Zeit mußte ich nur Gemüse putzen. Immer Lauch und Kartoffeln, Kohl und Rüben.

Doch dann, nach einem ungewöhnlich heißen Bank Holoday, kam der Koch nicht wieder. Blieb einfach weg. Die Vermieterin, bei der er wohnte, wußte auch nicht, wo er war. Ich hatte nachgefragt, weil ich sie kannte. Das heißt, ich kannte ihre Tochter, die war in meinem Alter und ein ganz nettes Mädchen. Vielleicht wäre mal was aus uns geworden. Aber sie klaute in der Apotheke, wo sie arbeitete, sechs Pfund aus der Ladenkasse, und ich ging dann nach London.

Der Koch also, er war ständig betrunken und fluchte gotteslästerlich, verschwand, und ich mußte von heute auf morgen für ihn einspringen. Viele Jahre später stellte sich heraus, daß er im Lake District in einem Pub gefeiert hatte und von der Wirtin zuerst betrunken gemacht und dann eingesperrt wurde.

Sie war Witwe und suchte einen Mann, der sie in der Küche ersetzen konnte, weil sie lieber mit den Gästen an der Theke stand. Drei Tage kriegte er nichts zu essen und zu trinken, dann gab er klein bei und blieb freiwillig.

Im »The sunken Dream« versuchte ich, die Dinge zu kochen, die ich bei Großmutter in Loctudy gegessen hatte. Ich besorgte mir ein Kochbuch der französischen Küche und kochte wie besessen. Die Stammgäste waren zunächst ein bißchen, nun, sagen wir mal: Es war ungewohnt für sie, was ich da kochte. Einmal gab es in dem Pub sogar Kutteln. *Tripes à la mode de Caen.*

Unglücklicherweise kam ausgerechnet an jenem Tag mein Vater in den Pub. Seit Mutters Tod (sie starb während eines Picknicks durch Blitzschlag) hatte ich ihn kaum noch zu sehen gekriegt. Er war schon betrunken, als er reinkam.

»Na, womit willst du denn heute deinen alten Vater vergiften?«, war seine Begrüßung. Dabei war er damals noch gar nicht so alt.

Ich hätte ihm jetzt den Lachs empfehlen können. Den gab es zweimal in der Woche frisch. In jenen Tagen wurde er noch mit der Angel gefischt. Aber ich war durch seine laute Bemerkung ziemlich aufgebracht. Außerdem sah er verkommen aus. Er trug unter einem dreckigen Trenchcoat einen dunkelblauen Anzug voller Flecken und rote, ausgelatschte Schuhe. Ich wünschte ihn zum Teufel und sagte:

»Für so arme Hunde wie dich habe ich heute Kutteln gekocht. *Tripes à la mode de Caen!*«

Das verschlug ihm die Sprache.

Dreizehntes Kapitel

Alfie kann sich seine Gäste nicht auswählen und gerät an einen unkulinarischen Störenfried.

Draußen macht James ein Höllenspektakel. Ich höre mit halbem Ohr hin, während ich die Küche aufräume. Jetzt singt er wieder ein paar Takte, prostet Miss Sophie zu und grummelt vor sich hin. Wie ein alter Hahn, den man mit alkoholgetränkten Brotstücken gefüttert hat. In Loctudy haben wir das manchmal gemacht. Es gab da ein paar Kinder in meinem Alter, von denen ich einige französische Flüche gelernt habe. Wenn ich die vor meiner Mutter ausprobierte, hielt sie sich die Ohren zu.

Der Auftritt des Alten im »The sunken Dream« stellte alles in den Schatten, was ich an Schimpfkanonaden erlebt habe. Nachdem er begriffen hatte, daß ich tatsächlich diese unaussprechliche Schweinerei gekocht hatte und sie ihm, meinem eigenen Vater, der den Fraß der Franzosen aus tiefstem Herzen verabscheute, ausgerechnet ihm als Mittagessen vorschlug – das brachte ihn fast um.

Er begann zu zittern und beschimpfte mich vor allen Gästen als mißratenen Sohn, nannte mich einen Frösche fressenden Perversen und führte mich als Beispiel einer Jugend an, die ihren Vätern noch auf dem Totenbett die goldene Uhr unterm Kopfkissen wegstehlen würde.

Wie es sich herausstellte, mochten auch die anderen Gäste die Kutteln nicht und hatten von der Jugend eine Vorstellung, die sich wenig oder gar nicht von der meines Vaters unterschied. Als auch der Pächter des Ladens sich lautstark einmischte und die Partei meines Vaters ergriff, hatte ich die Nase voll.

Ich haute in den Sack und fuhr mit den sechs Pfund meiner Freundin nach London. Zuerst aber mußte ich zur Armee. Meinen Alten habe ich danach viele Jahre nicht mehr gesehen.

Vierzehntes Kapitel

*Alfie kocht Kutteln wie seine Großmutter und erweist sich
schließlich doch noch als guter Sohn.*

Meine Großmutter hatte eigentlich immer einen Topf mit
Kutteln auf dem Herd. Die waren billig und schmeckten gut,
und wenn jemand vorbeikam, hatte man sofort etwas anzu-
bieten. Ich kenne heute viele Rezepte für Kutteln, aber gekocht habe ich sie in England nur dieses eine Mal.

Tripes à la mode de Caen

*Wie man sagt, stammt das Rezept
aus der Zeit Wilhelms des Eroberers,
und Kutteln waren damals eine für
den Adel reservierte Delikatesse.
Auch meine Großmutter kochte sie
auf eine alte, umständliche Weise,
während wir heute Kutteln bereits
vorgekocht kaufen können.
Die rohen, gut gewaschenen Kutteln
werden mit Rinderschmalz
angeröstet und zusammen mit einem
Kalbsfuß zwölf Stunden in Cidre
gekocht. Im Laufe dieser Zeit fügte
Großmutter allerlei Gemüse und
Kräuter hinzu wie Karotten,
weiße Rübchen, Lauch, Lorbeerblätter,*

Knoblauch, Petersilienwurzeln und
auch ein großes Glas Calvados.
Das alles schmurgelte in einem
Spezialtopf aus Gußeisen, der an der
hintersten Ecke des Herdes stand.
Gesalzen und gepfeffert wurde immer
am Schluß.
Heute, bei vorgekochten Kutteln,
genügen zwei bis zweieinhalb Stunden,
und ich nehme auch kein
Rinderschmalz, sondern Olivenöl.
Auch verzichte ich ungern auf
Tomaten, die allerdings vorher
enthäutet werden müssen.
Sie bringen eine gewisse Säure
an die Kutteln, was zwar ihren
Eigengeschmack ziemlich reduziert,
aber genau das wollen viele Esser.
Es ist sogar möglich,
die Kutteln abschließend mit einem
Becher Sahne zu verfeinern,
wie ich es einmal bei Raymond Blanc
in Great Milton gegessen habe.
Das war allerdings das Personalessen.
Ich habe nämlich auch bei diesem
großartigen Koch gearbeitet.
Seinen Gästen hätte er Kutteln
natürlich nicht zumuten können,
obwohl sie wirklich hervorragend
geschmeckt haben.

Die Geräusche aus dem Eßzimmer deuten das Ende an. Miss Sophie, ich will nichts Nachteiliges über sie sagen, aber ihre Stimme quiekt ein wenig. James ist, wie es die Sportler nennen, auf den letzten Metern vor der Ziellinie. Er rülpst, singt und stolpert; er nuschelt unverständliche Schmeicheleien. Gläser werden aneinandergestoßen, und ich hoffe inständig, daß er es schafft. In seinem Alter! Und jedes Jahr aufs neue.

Stühle werden gerückt; man könnte glauben, sie seien wirklich alle da, der Admiral von Schneider, Sir Toby, Mr. Pommeroy und die anderen. Aber – wie immer in den letzten Jahren – ist es James allein.

Ich verlasse die Küche und gehe in die Halle. Da kommt er auch schon. Miss Sophie trägt er auf den Armen. Zwar ist sie zierlich und wiegt nicht viel. Trotzdem: nach all den Gläsern, und das in seinem Alter! Er zögert eine Sekunde vor der Treppe, blickt nach oben, dann gibt er sich einen Ruck und rennt los.

Sie – total benebelt – gibt eine letzte Anweisung: »Dasselbe wie im vergangenen Jahr, James!« Und er schafft es. Bringt sie in den ersten Stock, ohne tot umzufallen!

Oben geht er leicht in die Knie. Keucht. Dann dreht er den Kopf in meine Richtung, als wüßte er genau, daß ich hier unten stehe und beobachte, wie er dort mit Miss Sophie auf den Armen schwankt, und sagt schleppend, aber durchaus verständlich:

»Alfie, mein Junge, hast du an mein Frühstück gedacht? Eine doppelte Portion Müsli, bitte. Und vergiß das Alka Seltzer nicht.«

Mich würgt es ein wenig. Also räuspere ich mich, bevor ich antworte:

»Aber klar doch, Vater. Doppeltes Müsli und Alka Seltzer. Wie jedes Jahr.«

... und andere Märchen

Hänsel und Gretel

Es war einmal eine Katze, die hieß Frau Hoffmann. Den Namen hatten ihr der Mann und die Frau gegeben, bei denen sie lebte, weil sie aussah, wie die schwarzweiße Katze auf der Packung von Hoffmanns Stärke.

›Das muß aber eine schöne Katze gewesen sein‹, dachte Frau Hoffmann, die von ihrer eigenen Schönheit sehr überzeugt war. Sie putzte sich ständig, und wenn sie eine andere Katze sah, dachte sie: ›So schön wie du bin ich schon lange!‹

Eines Tages kam ein Kater an ihrem Haus vorbei, der trug einen Hut auf dem Kopf und hatte hohe Stiefel an. ›Das muß aber ein stolzer Kater sein‹, dachte Frau Hoffmann bewundernd und überlegte, wie sie es anstellen sollte, mit ihm ins Gespräch zu kommen.

Also reckte sie sich und streckte sich, daß er sie gar nicht übersehen konnte, und schnupperte kokett an einer Primel, die vor dem Haus blühte. Doch der Kater war kastriert und trug seine auffällige Kleidung nur, um davon abzulenken. Außerdem gehörte er einem Manne namens Tieck und hatte sich verirrt. Deshalb würdigte er Frau Hoffmann keines Blikkes und verschwand, ohne ein Wort zu sagen, im Wald.

An diesem Tag aß Frau Hoffmann nichts mehr. Auch am nächsten Tag ließ sie ihr Futter stehen und jagte keine Mäuse, so sehr hatte ihr die Abfuhr des stolzen Katers zugesetzt. ›Was bin ich doch für eine arme Katze‹, dachte sie. ›Ich bin so schön wie die Coverkatze von Hoffmanns Stärke, ich habe einen

Appetit für drei und einen Schwanz wie ein Waschbär. Aber
ich weiß nicht einmal, wie man einen Kater anmacht.‹ Und
sie beschloß, auf die Wanderschaft zu gehen, um zu lernen,
wie man Kater anmacht. Doch zuvor stattete sie der Küche
einen Besuch ab und sprang auf den Tisch, wo der Mann und
die Frau das Mittagessen hergerichtet hatten. Das bestand aus
einer Lauchsuppe mit Morcheln und einem Dutzend Sardinen. Die Suppe war heiß, die mochte Frau Hoffmann nicht,
aber von den kleinen Fischen, die noch nicht gebraten waren,
aß sie einen und nahm zwei mit auf den Weg in die weite
Welt.

Als Frau Hoffmann drei Tage im Wald unterwegs war, hatte
sie die Sardinen aufgegessen und wurde hungrig. Da sah sie
ein schönes, schneeweißes Vöglein auf einem Ast sitzen, das
sah so lecker aus, daß sie stehenblieb und es beobachtete.
Doch es schwang seine Flügel und flog davon, und Frau Hoffmann verfolgte es, bis sie zu einem Häuschen gelangten, auf
dessen Dach es sich setzte. Wie sie sich so anschlich, sah Frau
Hoffmann, daß das Häuslein aus Brot gebaut war und mit
Kuchen bedeckt; aber die Fenster waren von hellem Zucker.

Frau Hoffmann war zwar eine Naschkatze, aber lieber als
Brot und Kuchen und lieber als Fenster aus Zucker mochte
sie Sardinen, Mäuse und Rotkehlchen. Doch das weiße Vöglein war plötzlich verschwunden, und Frau Hoffmann begriff
auch, warum: Es näherten sich dem Haus zwei Kinder, ein
Junge und ein Mägdelein. Die hießen Hänsel und Gretel und
hatten Haare in drei verschiedenen Farben, in rosa, gelb und
violett. Kaum hatten sie das Haus erreicht, brachen sie auch
schon große Stücke aus dem Dach und schlugen Fenster ein.

In dem Haus aber wohnte eine alte Rentnerin, die war etwas schwerhörig, und auch sehen konnte sie nicht gut. Sie
rief:

»Knusper, knusper, kneischen,
wer knuspert an meinem Häuschen?«

Das war aber nicht die Tonart, die auf Hänsel und Gretel Eindruck machte.

»Der Wind, der Wind, das himmlische Kind«, antworteten sie lachend und setzten ihren Vandalismus fort.

Frau Hoffmann, die das alles aus einem Busch (*cleptus arcandis*) heraus beobachtete, wollte sich gerade wieder der Vogeljagd widmen, da öffnete sich die Tür des Eigenheims, und die Rentnerin trat heraus. Mit ihrem Kopftuch und der Krücke, auf die sie sich stützte, sah sie aus wie eine alte Hexe, was sie, wie sich herausstellen sollte, tatsächlich auch war.

Sie wackelte mit dem Kopf und lud die Kinder ein, in ihrem Häuschen Milch und Pfannekuchen mit Zucker, Äpfel und Nüsse zu essen, und setzte hinzu: »Bleibt bei mir, es geschieht euch kein Leid.«

Frau Hoffmann, die traditionsgemäß eine Schwäche für alte Hexen hatte und Kinder nicht sehr mochte, weil diese den Katzen die Schwänze langziehen, sah mit Genugtuung, wie Hänsel und Gretel im Haus verschwanden. Sie beneidete sie zwar ein wenig um die versprochene Milch, aber da sie sich aus Pfannekuchen wenig, aus Äpfeln und Nüssen gar nichts machte, bekam ihre Schadenfreude die Oberhand. Denn daß die Hexe gelogen hatte, hätte sogar ein kastrierter Kater gemerkt: Den beiden Hooligans ging es an den Kragen.

Als Frau Hoffmann die beiden Kinder im Haus der Hexe verschwinden sah, hüpfte ein fetter Heuschreck direkt vor ihrer Nase herum. ›Den hat mir die Hexe geschickt‹, dachte sie erfreut und fraß ihn. Nun war sie gesättigt und konnte sich mit anderen Dingen beschäftigen als mit Mäusefangen und dergleichen. Also sprang sie auf das Fensterbrett und blickte in das Hexenhaus hinein. Sie sah, wie Hänsel und Gretel die Pfannekuchen aßen und dann die Äpfel und Nüsse, und dazu tranken sie Milch. Dann deckte die Hexe zwei schöne Bettlein mit weißem Linnen, und Hänsel und Gretel legten sich hinein und meinten, sie wären im Himmel.

Frühmorgens, ehe die Kinder erwacht waren, stand die Hexe schon auf, und als sie beide so lieblich ruhen sah mit den vollen roten Backen, so murmelte sie vor sich hin: »Das wird ein guter Bissen werden!«, denn sie wollte Hänsel und Gretel braten.

Das alles sah Frau Hoffmann von der Fensterbank, und sie dachte bei sich: ›Wenn's nach mir ginge, müßten die noch etwas fetter werden. Vor allem der Hänsel ist ja richtig mager.‹ Das aber hörte die Hexe, die die Gedanken der Katzen lesen konnte, und dachte bei sich: ›Ei, da hat die hübsche Kleine recht. Ich werde ihn noch etwas mästen.‹ Also sperrte sie Hänsel in einen engen Stall. Gretel aber mußte ihm das beste Essen kochen; sie selber bekam nichts als Krebsschalen.

Während Gretel auf Geheiß der Hexe den Hänsel mästete, fütterte die Hexe wiederum Frau Hoffmann, welche jetzt ständig auf der Fensterbank saß. So entging ihr kein Detail von dem, was im Hexenhaus vor sich ging. Zu ihrem Leidwesen hatte die Hexe keine Katzen, die sie hätte fragen können, wie man einen Kater anmacht. Dafür gab sie der Frau Hoffmann manches feine Bröcklein von ihrem Tische und lobte sie, weil sie sich immer putzte.

»Was bist du doch für eine schöne Katze«, sagte sie und streichelte ihr übers Fell. »Könnte es sein, daß du eine verzauberte Prinzessin bist? Aber nein, dann müßte ich es wissen. Der Zauberer ist ein alter Spezi von mir, der hätte es mir erzählt, wenn er zum Kaffee und Kuchen kommt.«

Dazu ist anzumerken, daß der Zauberer die Hexe nur sehr

selten besuchte. Zum einen mochte er ihren Kaffee nicht, der bei ihr nicht, wie bei der normalen deutschen Hausfrau, die Krönung ihrer Kochkünste darstellte; zum anderen hatte er einen Job als Unterhalter in einem Gastronomie-Zirkus, wo er den Gästen während des Essens harmlose Kunststückchen vorführte, um sie von der Mittelmäßigkeit des Essens abzulenken. Für andere Kunststücke war er kaum zu gebrauchen, weil Prinzessinnen sich auch ohne Zauberer in Gänse und Ziegen verwandeln, wenn sie dafür nur in die Klatschspalten kommen.

Von alledem konnte die Hexe nichts wissen, da sie, wegen ihrer schlechten Augen, keine Magazine las. Also hieß sie die Gretel Tag für Tag kräftige Speisen kochen, damit Hänsel nur recht schön dick werde.

Eines Morgens, als der Hänsel richtig fett geworden war, wollte die Hexe ihn schlachten. Sie bereitete alles für das *mise en place* vor, band sich eine Schürze um und machte ein großes Feuer im Ofen. Aus der Truhe nahm sie das Halsabschneidemesser, das Sägemesser, das Messer zum Bauchaufschlitzen, eines zum Entbeinen und eine spezielle Schere für Nase, Ohren und was sonst abgeschnitten werden mußte, damit Hänsel in den Bräter paßte. Sie legte die Petersilie zurecht, Rosmarin und Lauch sowie Sellerie, Ingwerwurzel und Kardamom. Auch schnitt sie geräucherten, durchwachsenen Speck in kleine Stücke, um den Hänsel darin anzubraten.

Zuerst aber wollte die Hexe die Gretel loswerden. Sie stieß das arme Mädchen hinaus zu dem Backofen, aus dem die Feuerflammen schon herausschlugen.

»Kriech hinein«, sagte die Hexe, »und sieh zu, ob recht eingeheizt ist.«

Gretel aber roch den Braten, den sie abgeben sollte, und stellte sich dumm, was ihr noch nie schwergefallen war. »Ich weiß nicht, wie ich's machen soll; wie komme ich da hinein?«

»Dumme Gans«, sagte die Alte und wollte es der Gretel vormachen, wie man in einen Backofen kriecht, aus dem die Flammen herausschlagen.

Frau Hoffmann, die das alles von ihrem Fensterplatz beobachtete, sträubten sich die Haare. ›Wie kann man nur so blöd sein, wenn man eine Hexe ist‹, dachte sie. Das hörte die Hexe, stutzte einen Moment und murmelte: »Nobody is perfect!«

Aber da war es schon zu spät. Das süße, kleine Gretel hatte die alte Rentnerin in die Flammen gestoßen, die Ofenklappe zugemacht und befreite ihr fettes Brüderchen. Dann durchsuchten sie gemeinsam das Häuschen und fanden Perlen und Edelsteine, die sie in die Taschen steckten, bevor sie sich auf den Heimweg machten.

Überbackene Krebse

Krebse sind für die Hänselmast nur geeignet, wenn man sie überbackt. Zuerst werden sie in sprudelnd kochendes Wasser getaucht, wo sie höchstens 3 Minuten bleiben. Bei dieser kurzen Kochzeit ist es ziemlich gleichgültig, ob das Wasser gesalzen oder sonstwie gewürzt ist; irgendein Aroma nehmen sie nicht an.
Also rausfischen und abkühlen lassen.
Dann werden sie aus der Schale gepult.
Das ist nicht ganz einfach, weil es dafür kein Werkzeug gibt. Die zarten Fingerchen aber können sich an den scharfen Kanten des Panzers schneiden. Also Vorsicht! Zuerst den Kopfpanzer mit den Scheren abdrehen. Danach den Schwanzpanzer vom Fleisch schälen. Dieser Arbeitsgang ist es, bei dem es aufpassen heißt!

Eßbar ist lediglich das Schwanzfleisch. Dennoch werden die Schalen nicht einfach der Gretel vorgesetzt. Die kluge Hexe bereitet aus ihnen einen vorzüglichen Krebsfond!

Während die Schwänze zugedeckt auf ihren Auftritt warten, geschieht folgendes: Die Krebsschalen waschen und in den sehr heißen Backofen aufs Blech legen, damit sie trocken und spröde werden. Dann herausnehmen, im Mörser zerstoßen und in einer großen Pfanne in Butter anbraten. Dabei werden sie rot und röter. Sodann bekommen sie ein Glas Cognac übergegossen, welcher angesteckt wird. Ist das Feuer erloschen, gießen die Hexen dicke Sahne über die Schalen und kochen diese zirka 30 Minuten aus. Dabei wird mit Cayenne gewürzt, gesalzen, und einige Zesten von der Orangenschale werden mitgekocht, und eventuell kommt auch noch etwas Cognac dazu. Ein bißchen Tomatenmark wird verrührt, das bringt eine schöne Farbe in die blasse Angelegenheit. Abschmecken ist an dieser Stelle der wichtigste Teil.

Inzwischen haben die nackten und halbgaren Krebsschwänze in einer feuerfesten Form Platz genommen, wo sie brav nebeneinander liegen. Darüber gießt die Hexe die von den Schalen durch ein Sieb abgegossene Sahne, in welche sie ein Eigelb verquirlt hat. Oder zwei, wenn viele Krebse mit viel Sahne beehrt werden sollen. Die Sahne soll die Schwänze eben so bedecken, nicht mehr und nicht weniger. Die Form kommt jetzt in den bereits heißen Backofen, wo sie so lange bleibt, bis die Oberfläche hellbraun, das heißt gratiniert ist.

*Sollten Zauberer am Herd stehen, werden sie die
Schalen-Sahne wahrscheinlich mit den Körnern einer
ausgekratzten Vanillestange würzen. Oder mit
frischem Estragon. Oder was sie sonst noch alles aus
dem Zylinder holen. Schmeckt alles hervorragend,
weil man dazu die besten Weißweine trinken kann.
Zum Sattwerden gibt es nur Weißbrot, welches man
tunken darf.*

Pfannkuchen Hexenart

*Ein Pfannkuchenteig besteht aus Mehl, Wasser, Eiern
und Butter. Das ist die normale Version. Will man
ahnungslose Kinder damit einlullen, kommt noch
Zucker rein oder drauf und Kirschen, mit denen
Hänsel und Gretel das Tischtuch, oder Blaubeeren,
mit denen sie ihr eigenes Maul verschmieren können.
Erwachsene, vor allem die Wein- und Biertrinker,
haben manchmal etwas gegen Süßes.
Für sie hat die Hexe eine spezielle Version:
3 getrocknete rote Chilischoten werden im Mörser
zerkleinert und mit 200 g Mehl vermischt; eine
größere Prise Salz kommt auch hinein. Dann verquirlt die Hexe 3 ganze Eier mit dem Mehl und gießt
einen knappen Viertelliter Milch dazu. Daraus rührt
sie einen Pfannkuchenteig.
So fangen alle Pfannkuchenmärchen an. In Wirklichkeit mißlingen die beiden ersten Pfannkuchen
IMMER. Das liegt an der Pfanne. Denn eigentlich
müßten konsequente Pfannkuchenbäcker für ihre
Zwecke eine Spezialpfanne haben, die nie gespült,*

*sondern nur ausgewischt und nie für irgend etwas
anderes benutzt wird. Dann klappt – wahrscheinlich
– schon der erste Versuch. Doch so pfannkuchen-
süchtig sind nur die Hausgäste des Knusperhäus-
chens. Wir erwarten etwas mehr. Und siehe da: Im
vorliegenden Fall heißt das Zauberwort »Speckfett«.
Deshalb schneidet die kluge Hexe von geräuchertem
Bauchspeck, auch Wammerl genannt, dünne Scheiben im Gesamtgewicht von 40 Gramm herunter.
Es dürfen auch 43 Gramm sein. Im einzelnen sollten
sie ungefähr briefmarkengroß sein.
In einer Pfanne, Durchmesser 24 cm, werden nun
40 g Butter geschmolzen und darin die Speckscheiben
nebeneinandergelegt. Bei mäßiger Hitze wird ihr
Fett ausgelassen, ohne daß sie kross werden. Darüber
dann den angerührten Teig gießen und die Temperatur etwas erhöhen. Ist der Pfannkuchen von unten
fest und hellbraun geworden, wird er mit Hilfe eines
Deckels oder Tellers herumgedreht und zu Ende
gebacken, und jedermann erkennt ihn auf der Stelle:
Er ist Kantapper-Kantapper,
der dicke, fette Pfannkuchen!*

Das tapfere Schneiderlein

Als Hänsel und Gretel das Haus der Hexe verlassen hatten, sprang Frau Hoffmann hinein, weil sie hoffte, ein paar Fledermäuse oder Spinnen zu finden, denn sie war hungrig geworden. Aber die beiden Kinder hatten nicht nur die Perlen und Edelsteine mitgenommen, sie hatten auch die Speisekammer der alten Hexe geplündert, so daß Frau Hoffmann hungrigen Leibes von dannen ziehen mußte.

Wie sie so durch den Wald wanderte und ihren Schnurrbart in alle Richtungen drehte, ob nicht ein schwatzendes Mäuslein oder ein zerstreuter Kuckuck ihren Weg kreuzten, da begab es sich, daß sie hinter einem Baum ein feines Schnarchen hörte. Vorsichtig schlich sie näher und sah einen Mann auf dem Rücken liegen. Er war klein von Gestalt und hatte eine spitze Nase. Um sein Wams aber trug er einen Gürtel, darin waren die Worte eingestickt »Sieben auf einen Streich«.

›Das muß ein großer Jäger sein‹, dachte Frau Hoffmann, denn sie vermeinte, er habe sieben Mäuse erschlagen. Doch der Schläfer war kein großer Jäger, sondern ein kleiner Schneider, und erschlagen hatte er nur sieben Fliegen. Da er aber vor dem König und dessen Dienern ganz furchtbar angegeben hatte, glaubten alle, das Schneiderlein sei ein tapferer Held, und landauf und landab fürchteten sich die Leute vor ihm. Der König hatte ihm sogar sein Töchterlein zur Frau versprochen.

Doch weil das Schneiderlein eine so spitze Nase und überhaupt wenig Ähnlichkeit mit Robert Redfort hatte, fand die Königstochter wenig Gefallen an dem Wicht mit dem furchteinflößenden Gürtel. Sie stellte Bedingungen, die der Schneider erfüllen sollte, bevor er sie zur Frau nehmen dürfe. Diese Bedingungen waren von solcher Art, daß kein Mensch, außer einem größenwahnsinnigen Schneider, sie akzeptiert haben würde. In zwei Fällen ging es darum, daß er Riesen bekämpfen und besiegen mußte.

Auch damals wimmelte es nicht gerade von Riesen, aber sie waren doch häufiger als heute, und die Diener des Königs fürchteten sich sehr vor ihnen.

Es begab sich jedoch, daß die im Wald des Königs lebenden Riesen zwar von beträchtlicher Körpergröße, geistig aber eindeutig zurückgeblieben waren. Denn der erste, auf den das Schneiderlein traf, konnte einen frischen Käse, den das Schneiderlein in der Hosentasche trug, nicht von einem Stein unterscheiden. Als nun der kleine, spitznasige Wicht den Käse in der Hand zerdrückte, lief das Wasser heraus wie aus einem Schwamm. Und als er auch noch einen gefangenen Vogel in die Luft warf als wär's ein Stein, und dieser begreiflicherweise nicht auf die Erde fiel, da wurde dem dummen Riesen vor so viel vermeintlicher Kraft ganz unheimlich. Und als das Schneiderlein ihm noch einen weiteren Schabernack spielte, nahm er Reißaus. Der kleine Wicht aber war schon vom Käsedrücken so erschöpft, daß er sich niederlegte und einschlief.

So fand ihn jetzt Frau Hoffmann, und mit ihrem feinen Näschen roch sie sofort, was der Schneider in der Tasche hatte. Käse war zwar nicht ihre Lieblingsspeise, aber sie sagte sich: Besser der Käse in der Kralle als der Spatz auf dem Dach. Als der Schneider nun im Traum zu sprechen anhub, zupfte Frau Hoffmann ihm das Sacktuch aus der Tasche, in dem der Käse eingewickelt war. Und als er im Schlaf sagte »Junge, mach mir das Wams und flick mir die Hosen, oder ich will dir die Elle über die Ohren schlagen«, hatte sie den Käse bereits ausgewickelt und trug ihn in ein Gebüsch, wo sie ihn mit einigen Ameisen teilte. So kam es, daß das Schneiderlein nicht noch andere Riesen düpieren konnte, und von dem Käse nie mehr die Rede war, wenn die Leute von seinen Heldentaten erzählten.

Die Heldentaten des Schneiderleins glichen sich so sehr, daß mißtrauische Zuhörer vermuteten, sie seien schlecht erfunden, und wer sie zweimal hören mußte, wurde von großer Müdigkeit befallen. Frau Hoffmann war auch so müde genug. Sie gähnte, ohne sich die Pfote vor die Schnauze zu halten, was bei hübschen Katzen vielleicht noch durchgehen kann, bei Mädchen und Jungen aber auf eine schlechte Kinderstube schließen läßt. Außerdem haben Katzen keine Katzenstube; manchmal eine Kiste, auf der *Clos de la Roche* draufsteht, manchmal nur ein großes, buntes Kissen aus dem Ethno-Laden, wie es der Mann und die Frau einmal geschenkt bekommen hatten. Darauf hatte Frau Hoffmann immer gelegen, bevor sie auf die Wanderschaft ging, um zu lernen, wie man Kater anmacht.

Also rollte sie sich zusammen und schlief ein, um für neue Abenteuer gestärkt zu sein.

Käseauflauf Schneiderlein

*Man könnte diesen Auflauf auch Soufflé nennen. Die
Herstellung ist identisch, doch ein Soufflé ist luftig
und leicht, und nicht einmal ein Aufschneider
brächte folgende Zutaten dazu, luftig und leicht
zu erscheinen.*

Die bestehen für 4 Personen aus 250 g geriebenem
Gruyère, 4 Eigelb, 6 Eiweiß, 2 EL Mehl, 50 g Butter,
¼ l Milch, 3 EL süße Sahne, Salz, Cayennepulver,
Muskatnuß.

In einer Kasserolle die Butter schmelzen und das
Mehl dazugeben. Unter ständigem Rühren mit dem
Holzlöffel einige Minuten köcheln lassen. Diese
Mischung muß eine homogene Masse bilden, darf
aber nicht braun werden. Dann vom Feuer nehmen
und die Milch dazugeben. Mit dem Schneebesen
schlagen, salzen, pfeffern und mit Muskat würzen.
Wieder auf den Herd setzen und einige Minuten
weiterkochen lassen. In einer Schüssel vermische ich
die Eigelb mit der Sahne; gut verschlagen. Von der
heißen Mehl-Milch etwas dazugießen, verrühren
und alles zusammen in die Kasserolle gießen. Die
Eiersahne wird dick. Rühren, vom Feuer nehmen
und abschmecken, eventuell nachwürzen.

Jetzt wird das Eiweiß mit einer Prise Salz sehr steif
geschlagen. Dann davon 1 EL in die dicke Eiersahne
unterrühren, damit sie etwas flüssiger wird. Nun
wird der Käse hineingeschüttet und untergerührt.
Unter den so entstehenden dicken Brei hebt der tap-
fere Schneider sehr vorsichtig den steifen Eierschnee.
Das ergibt die fertige Soufflémasse.

Die wird nun entweder in eine große, ausgebutterte
Auflaufform oder in vier kleinere Portionsförmchen
gefüllt. Nicht ganz bis zum Rand, weil sie ja noch
steigen wird und dafür Platz haben soll.

Der Backofen ist längst auf 200⁰ vorgeheizt; dahinein plaziere ich die Form, schalte die Hitze auf 180⁰
herunter und lasse den Auflauf ca. 30 Minuten

backen. Genauer: bis er über den Rand der Form hinausgestiegen und an der Oberfläche goldbraun geworden ist. Würde sogar Frau Hoffmann schmecken.

Aschenputtel

Der Käse lag Frau Hoffmann schwer im Magen, denn wie man sich denken kann, war er sehr trocken gewesen, nachdem das Schneiderlein den Saft herausgepreßt hatte. Vorsichtshalber hatte sie zwar auch einige der Ameisen gegessen, das ist ein altes Hausmittel und fördert die Verdauung. Zusätzlich kaute sie auf einem Blatt Salbei herum, dachte aber: ›Jetzt ein Fernet Branca, das wär' was Rechtes!‹

So entdeckte sie auf dem Weg zur Selbstverwirklichung, daß es auch unbekömmliche Käse gibt, aus Käseresten zusammengekochte, bleiche Klumpen ohne Geschmack, mit gentechnisch produziertem Lab aus sterilisierter Milch hergestellt und mit Farbstoffen sowie Konservierungsmitteln angereichert. ›Ach‹, dachte sie bei sich, ›wär ich doch bei dem Mann und der Frau geblieben, die haben mir zweimal am Tag leckere Brekkies gegeben. So aber habe ich das weiße Vöglein nicht gekriegt, keine Fledermäuse und keine Spinnen gefunden und mußte mich mit einem trockenen Käse begnügen. Und will doch nur lernen, wie man Kater anmacht.‹ Frau Hoffmann tat sich furchtbar leid.

Inzwischen war sie am Waldrand angekommen und sah vor sich ein Dorf liegen, das von einem prächtigen Schloß überragt wurde. Das war beflaggt und geschmückt, denn der König hatte für den Abend ein großes Fest angeordnet, das sollte drei Tage dauern, damit der Königssohn unter den schönen Jungfrauen des Landes eine Braut aussuchen möchte.

Als Frau Hoffmann sich vorsichtig dem nächsten Haus näherte, stand dessen Hoftür weit offen, so daß sie hineinsehen konnte. Sie sah zwei adrette Fräuleins, die ließen sich von ihrer Stiefschwester für den Ball herrichten.

»Komm, Aschenputtel«, riefen sie dieser zu, »kämm uns die Haare, bürste uns die Schuhe und mache uns die Schnallen fest, wir gehen zur Hochzeit auf des Königs Schloß!«

Aschenputtel gehorchte, aber, wie Frau Hoffmann sofort registrierte, es fehlte ihr die rechte Begeisterung für derartige Dienstleistungen. Denn sie wollte selber gern zum Tanzen aufs Schloß gehen. Wie sich jedoch herausstellte, hatte sie keinen schicken Fummel und keine zweifarbigen Pumps, und ihre Stiefmutter sagte:

»Bist voll Staub und Schmutz und willst zur Hochzeit? Hast keine Kleider und Schuhe und willst tanzen? Da habe ich dir eine Schüssel Linsen in die Asche geschüttet, wenn du die Linsen in zwei Stunden wieder ausgelesen hast, so sollst du mitgehen.«

Frau Hoffmann hörte nur ›Linsen‹ und dachte: ›Schon wieder Vegetarier‹, und wollte weitergehen. Da geschah etwas so Unwahrscheinliches, daß sie sich in den Schwanz biß, um zu sehen, ob sie wohl träume. Das Mädchen mit dem Namen Aschenputtel stellte sich in die offene Tür und rief: »Ihr zahmen Täubchen, ihr Turteltäubchen, all ihr Vöglein unter dem Himmel, kommt und helft mir lesen.

Die guten ins Töpfchen,
die schlechten ins Kröpfchen.«

Und tatsächlich kamen zuerst zwei weiße Täubchen angeflogen, danach die Turteltäubchen, und endlich schwirrten alle Vöglein unter dem Himmel in die Wohnküche und setzten sich in die Asche, wo sie alle guten Linsen herauspickten und in eine Schüssel spuckten.

Frau Hoffmann wurde fast hysterisch vor Aufregung. So viele leckere Vöglein so nahe vor ihrer Schnauze, das hielt sie nicht aus. Sie klapperte unbeherrscht mit den Zähnen und raste den nächsten Baum rauf und wieder runter. Zwei Nachtigallen und eine Meise bemerkten sie und verdrückten sich von der Linsenparty. Aber das spielte keine Rolle. In knapp einer Stunde hatten die Vöglein die Linsen eingesammelt und den Fußboden weiß gesprenkelt. Husch – waren sie alle wieder weg.

Wie Frau Hoffmann noch unschlüssig das Haus beobachtete, in dem Aschenputtel wohnte, sah sie einen weißen Vogel durch die Zweige der Bäume fliegen. ›Potz Blitz, dich kenne ich! Du bist mir einmal entkommen, nun aber will ich dich fressen‹, und sie rannte hinter dem weißen Vöglein her, das stracks zum Friedhof flog. Dort setzte es sich in einen Haselbaum. ›Na warte‹, dachte die Hoffmann. ›Ich habe Zeit‹, und legte sich in einem Strauch auf die Lauer.

Dadurch verpaßte sie eine zweite Auflage der Linsenparty, die ähnelte der ersten wie ein Spatz dem anderen. Wieder kamen sie alle herbeigeflogen, die zahmen Täubchen, die Turteltäubchen und alle Vöglein unter dem Himmel, und pickten die guten ins Töpfchen und die schlechten ins Kröpfchen. Es waren doppelt so viele Linsen, aber sie hatten nun schon Übung und schafften es wieder in Rekordzeit. Das also hatte Frau Hoffmann verpaßt, und es war gut so, denn sie wäre glatt verrückt geworden.

Auf dem Friedhof ging es auch nicht mit rechten Dingen zu. Es dauerte nämlich nicht lange, da erschien Aschenputtel und rief zum weißen Vöglein hinauf:

»Bäumchen rüttel dich und schüttel dich,
wirf Gold und Silber über mich.«

Frau Hoffmann kriegte vor Staunen die Schnauze nicht mehr
zu als geschah, wie Aschenputtel es verlangt hatte. Die zog
sich geschwind um und verschwand in der Schloßdisco. Später kam sie zurück, gab dem Vöglein die Klamotten zurück
und legte sich daheim in die Asche. So ging das während der
drei Tage, die das Fest dauerte. Als Aschenputtel nach dem
dritten Abend die Kollektion zurückbrachte, sah Frau Hoffmann, daß ein Schuh fehlte. Doch das weiße Vöglein schien
es nicht zu bemerken.

Während dieser Zeit ernährte sich Frau Hoffmann von
Eidechsen, von denen es auf dem Friedhof viele gab. Eigentlich mochte sie die nicht besonders gern, aber wie sie so zap-
pelten, während sie sie herunterschluckte, das fand sie lustig.
Der weiße Vogel würde früher oder später auf den Boden
fliegen, um ein paar Würmer zu ziehen. Dann wäre er gelie-
fert, freute sich die Hoffmannkatze.

Doch es kam anders. Plötzlich waren es zwei Täubchen,
die im Haselbaum saßen, und die sprachen nur in Reimen.
Einen wiederholten sie immer wieder:

»Rucke di guh, rucke di guh
Blut ist im Schuh
Der Schuh ist zu klein
Die rechte Braut sitzt noch daheim.«

Folgendes hatte sich zugetragen: Der fehlende Schuh war dem
Königssohn, einem Fetischisten, in die Hände gefallen. Jetzt
suchte er die dazugehörende Jungfrau: Die und keine andere
sollte seine Braut sein. Da machten sich Aschenputtels Stief-

schwestern große Hoffnungen auf den Thron. Doch als sie den Schuh anprobierten, war er ihnen zu klein. Da schnitt sich die eine einen Zeh, die andere die Ferse ab, um in den Schuh zu passen. Der Königssohn merkte den Betrug erst, als ihn zwei Täubchen darauf aufmerksam machten. Deshalb durften sie jetzt anstelle des weißen Vögleins in dem Haselbaum sitzen.

Frau Hoffmann ging ihr ewiges Rucke-di-guh ziemlich auf die Nerven. Sie schnappte sich noch eine Blindschleiche, die im Mausoleum der Familie Freilichgrath wohnte, und wartete die Hochzeitsfeier nicht ab und verließ Aschenputtel, ihre Stiefschwestern und das Dorffest, wo sie immer noch nicht erfahren hatte, wie man Kater anmacht.

Linsensuppe mit Ingwer und Gänseleber

Linsen sind besser als ihr schlechter Ruf, den die schwäbische Küche durch ein paar allzu biedere Rezepte auf dem Gewissen hat.

Zunächst einmal dürfen es – soll das Resultat etwas mit Wohlgeschmack zu tun haben – keine großen, hellbraunen Linsen sein, sondern die winzigen, dunkelgrau-grünen Linsen aus Frankreich. Sie heißen »Lentilles de Puy« und sind inzwischen auch im Aschenputtel-Land erhältlich. Sie sind nicht mehlig und brauchen nicht eingeweicht zu werden.

Die benötigte Menge (200 g für 3 Personen) wird mit kaltem Wasser aufgesetzt und zum wilden Kochen gebracht. Fünf Minuten später durch ein Sieb abgießen und abspülen. Erneut aufsetzen und jetzt würzen. Wie bei Linsensuppen üblich, lasse ich ein daumengroßes Stück Karotte und vom Weißen einer

Lauchstange ein ebenso großes Stück mitkochen,
welche hinterher weggeworfen werden. Salz, natür-
lich, und zwei kleine getrocknete Chilischoten. Die
sollen intakt bleiben, damit sie kein Unheil stiften.
Bemerkbar machen soll sich indes die wichtigste
Zutat, der frische Ingwer. Auch ihn will ich später
herausfischen, deshalb schneide ich von der geschäl-
ten Wurzel lange und dünne Streifen herunter. Das
alles wird gekocht, bis die Linsen gar sind. Das
dauert kaum eine Stunde. Dann wird abgeschmeckt
und der obligatorische Essig zugegossen. Dabei habe
ich die Wahl zwischen Balsamico-Essig und Apfel-
essig. Beide passen, obwohl sie so verschieden sind.
Die Suppe soll insgesamt nicht sehr säuerlich, aber
ziemlich scharf gewürzt sein. Ingwer und Gemüse
werden jetzt herausgefischt und die Gänseleber ein-
gelegt. Die ist teuer und eine Rarität, und je nach
ihrer Herkunft kann sie sogar von mittelmäßiger
Qualität sein, nämlich weich bis matschig. Pro Porti-
on brauche ich nur 50 Gramm. Sie wird zunächst
sorgfältig pariert, dann schneide ich sie in kleine
Würfel, die ich mit Cognac beträufele. Eine halbe
Stunde später bestreue ich sie großzügig mit weißem
Pfeffer aus der Mühle. Dann kommen sie in die
heiße, aber nicht kochende Suppe. So ziehen die
zarten Würfel gar, ohne daß sie zuviel von ihrem
Fett auslassen.
Wie lange? Nun, sagen wir, fünf Minuten; das muß
man probieren, manchmal sind sie sogar schneller
gar: Sie sollen auf der Zunge schmelzen! Es ist anzu-
nehmen, daß Aschenputtel diese Version später dann
auch kennengelernt hat.

Schneewittchen

Wie Frau Hoffmann so vor sich hin ging durch die Felder und die Auen, den Vöglein lauschend und von Zeit zu Zeit mit einem Mäuslein eine Partie Schach spielend, dachte sie bei sich: ›Nun habe ich schon seit Tagen nicht mehr auf einem Kissen geschlafen, und ich weiß immer noch nicht, wie man Kater anmacht. Aber ich habe die neue Königin kennengelernt, als sie noch in der Asche lag, ich habe einem Aufschneider den Käse aus der Tasche stibitzt und die letzten Tage einer alten Hexe erlebt. Das ist doch was anderes als jeden Abend fernsehen.‹

Die Sonne stand schon schräg am Himmel, da gewahrte sie auf einem Hügel etwas Glitzerndes, Blitzendes. ›Was mag das wohl sein‹, dachte sie. ›Das glitzert ja wie tausend Edelstein.‹ (Ihr steckten noch Aschenputtels Reime im Kopf.)

Da sie wie alle Katzen sehr neugierig war, schlich sie sich näher an das blitzende Ding heran, daß sie ihre Augen fast schließen mußte. Es spiegelte sich aber nur die Sonne, denn es war ein Sarg aus Glas. Und neben dem Sarg saß ein Kind im Gras. Da wollte Frau Hoffmann sofort Reißaus nehmen, denn Hänsel und Gretel hatten ihre gesunde Vorsicht gegenüber Kindern nur noch verstärkt. Doch dann sah sie, daß es kein Kind war, sondern ein Zwerg. Er trug einen langen Bart und eine rote Zipfelmütze, wie sie alle Zwerge auf dem Kopf hatten, die sie bisher in den Gärten der Häuser gesehen hatte.

»Na, Gevatter«, sprach sie ihn an, »was hat dich denn hierher vertrieben?«

Der Zwerg, der sie gar nicht bemerkt hatte, weil er oberhalb seiner Pfeife ziemlich kurzsichtig war, schrak zusammen. Wahrscheinlich hatte er auch ein bißchen gedöst.

»W-willst du Schneew-w-w-wittchen besichtigen?« fragte er. »Das kostet 2 Thaler.«

»Wer ist Schneew-w-w-wittchen?«, fragte Frau Hoffmann taktlos, die nicht wußte, daß der Zwerg wirklich stotterte.

Er war der siebte Zwerg, und jeder siebte Zwerg stottert, das haben ethnologische Feldstudien ergeben.

Er deutete mit dem Daumen auf den Glassarg. »Mit F-f-führung kostet es 3 Thaler.«

In dem Sarg lag ein wunderschönes Mägdelein. Seine Haut war so weiß wie Schnee, seine Lippen rot wie Blut und seine Haare schwarz wie Ebenholz.

»Ist sie tot?«

»M-m-mausetot.«

»Unfall oder Mord?«

»Mord!«

»Gibt es Zeugen?«

Den Zwerg übermannte der Kummer so sehr, daß er nicht weitersprechen konnte. Er nickte nur und hielt der Katze sieben Fingerchen seiner Zwergenhände vors Gesicht.

Frau Hoffmann schnupperte an jedem Finger. ›Alles Zwerge‹, wußte sie sofort. ›Junggesellen in WG, arbeiten als Goldschmiede oder so was. Ziemlich unsauber; einseitig ernährt, alkoholabhängig.‹

»Und wer war's?«

»Die K-K-Königin war es!«, rief der Zwerg, und sein Gesicht verzog sich vor Haß. »W-w-w-w-weil Schneewittchen so schön war.«

»Erzähl!«

Da schüttelte er den Kopf mit der roten Zipfelmütze. »Die Führung kostet 3 Thaler, hab' ich gesagt.« Wenn es um's Geld geht, stottert er nicht mehr, fiel Frau Hoffmann auf.

Er hob drei Finger: »Drei Mäuse!«

Frau Hoffmann überlegte. Von drei Mäusen konnte sie einen Tag prima leben. Andererseits lag hier ein Mordfall in der Luft, beziehungsweise im Sarg.

»O.K. Ich schick' dir die Mäuse. Schieß los!«

Und der Zwerg erzählte die Geschichte:

Sie waren insgesamt sieben Zwerge und wohnten in einem kleinen Häuschen ganz allein im Wald. Jeder hatte ein kleines Bettchen, ein kleines Tellerchen, ein kleines Becherchen, einen Bonsai und was sonst zum Leben gehört.

Eines Tages kamen sie von ihrer Arbeit nach Hause – sie hackten in den Bergen nach Erz, nannte es der Zwerg, aber daß es sich dabei um Gold handelte, wie Frau Hoffmann es sofort geschnuppert hatte, verschwieg er –, da sahen sie, daß jemand ins Haus eingedrungen war und es sich hatte gutgehen lassen. Dieser jemand aber war niemand anderes als Schneewittchen.

»Sie hat aus m-m-m-meinem Becherchen getr-tr-trunken«, erinnerte sich der Zwerg mit einem seligen Lächeln.

»*1963er Taylors Vintage Port,* stimmt's?« unterbrach Frau Hoffmann sein zwergenhaftes Gebrabbel. »Könnte auch ein *Island Malt* gewesen sein. Wie wär's mit einem Schluck, Gevatter?« Sie deutete auf die Tasche seiner Gärtnerschürze, die sich verdächtig beulte.

Da hörten die Vöglein in den Bäumen auf zu singen, und die Libellen versteckten sich im Schilf. Eine Eule, die in einer alten Eiche geschlafen hatte, riß erschreckt die Augen auf, wo es doch noch heller Tag war. Denn vom Tal her näherte sich

ein junger Herr, in dem alle sofort den Königssohn erkann-
ten.

Frau Hoffmann blieb unbeeindruckt. »Und wie geht die
Geschichte weiter? Was war das Motiv?«

Der Zwerg hatte auch diesmal nicht bemerkt, daß Besuch kam, und fuhr fort: »Sie war so ... ist so sch-schön und
blieb b-b-bei uns. Sie kochte jeden Tag k-k-köstliche
K-K-K-Kaldaunen.«

Aber das Glück war von kurzer Dauer. Da gab es noch eine
schicke Stiefmutter, die wollte die Schönheitskönigin sein,
war aber nur Königin. Jeden Morgen vor dem Spiegel fragte
sie:

> »Spieglein, Spieglein an der Wand,
> wer ist die Schönste im ganzen Land?«

Der kannte unglückseligerweise nur ein einziges Gedicht, das
er jedesmal aufsagte:

> »Frau Königin, Ihr seid die Schönste hier,
> aber Schneewittchen über den Bergen
> bei den sieben Zwergen
> ist noch tausendmal schöner als Ihr.«

›Kein gutes Gedicht‹, dachte Frau Hoffmann und wunderte
sich nicht, als der Zwerg von der Wut der Königin berichtete.
Die wurde noch gesteigert durch den Betrug ihres Gärtners.
Der hatte ihr angeblich Leber und Lunge von Schneewittchen
geschickt, aus der der Hofkoch ein leckeres Beuschel bereitete. Die Innereien waren aber von einem jungen Wild-
schwein.

Dieser Betrug und die Tatsache, daß sie keine Schönheitskönigin war, machten die Königin fuchsteufelswild. Sie besorgte sich aus einem Kostümverleih die Klamotten von Mutter Courage und beschloß, Schneewittchen höchstpersönlich umzubringen.

›Bei der spärlichen Ortsbeschreibung ziemlich ausgeschlossen, daß sie es findet‹, dachte Frau Hoffmann. ›Muß ein Informant unter den sieben sein.‹

Jedenfalls gelang es der Königin in ihrer Verkleidung nicht nur, Schneewittchen aufzuspüren, sie vergiftete es auch zweimal, so daß es fast tot gewesen wäre. Auf ihre Zusatzfrage erfuhr Frau Hoffmann, daß es sich beim ersten Mordversuch um eine banale SM-Fesselungspraktik gehandelt habe; beim zweiten Mal war es ein vergifteter Kamm. ›London 1978, Waterloo Bridge, bulgarische Schirmspitze‹, resümierte Frau Hoffmann bei sich. Die Zwerge hatten das arme Schneewittchen mit unwissenschaftlichen Methoden wieder hingekriegt. Aber jetzt half alles nichts. Sie lag im Sarg, war schön und tot.

»Wir haben Sch-sch-schneewittchen immer d-d-d-davor gew-w-warnt, jemanden ins Haus zu l-lassen«, beteuerte der Zwerg mit Tränen in den Augen.

Frau Hoffmann sah den schnieken Herrn näherkommen. Seine Bodygards folgten in gebührendem Abstand. Sie hatte keine Zeit zu verlieren.

»Höre, Gevatter«, schnurrte sie zwischen den Zähnen. »Deine Geschichte ist ein Märchen. Die glaubt dir keiner. Es gibt keine Königin mit auch nur der geringsten Chance, einen Schönheitswettbewerb zu gewinnen. Die Kleine da im Sarg habt ihr ausgenutzt. Sie hatte keine Arbeitserlaubnis, mußte euch aber jeden Tag Essen kochen, welches ihr mit euren Messerchen und euren Gäbelchen von euren vollen Tellerchen in eure dicken Bäuchelchen befördert habt. Leider

war sie eine schlechte Köchin. Da habt ihr euch ihrer entle-
digt.«

Sie stand auf und suchte mit den Augen den Hinteraus-
gang.

Der Zwerg war rot im Gesicht und zitterte. Er suchte nach
Worten, fand aber nicht einmal Konsonanten.

»Und du selber warst es, der ihr das Gift in den Port geschüttet hat. Deshalb paßt du hier auf, daß ihr niemand den
Magen auspumpt.« In diesem Moment brach der Typ im
Prinzenoutfit durch die Büsche. »Was deine drei Mäuse an-
geht«, rief sie dem Zwerg zu, »so esse ich sie lieber selbst. Wer
weiß, wen du damit sonst noch vergiften würdest.« Und mit
großen Sätzen verschwand sie im Wald. Nach kurzer Zeit
hörte Frau Hoffmann ein lautes Klirren, wie wenn ein Tablett
mit vollen Weingläsern auf die Terrasse fällt, dann ein leises
»plopp«, wie wenn ein Korken aus der Flasche fährt. Das aber
war der vergiftete Apfel, der dem Schneewittchen aus dem
Mund sprang, damit der Königssohn sie heiraten konnte. Der,
gottlob, hatte auf seinem Schloß eine hervorragende Kü-
chenbrigade. So lebten sie glücklich und brachten die verhin-
derte Schönheitskönigin um.

Rehragout mit Essig-Aprikosen

*Die hier benötigten Aprikosen wachsen an keinem
Baum. Ich muß sie selber herstellen. Dazu weiche ich
getrocknete Aprikosen in Balsamico-Essig ein. Natürlich nicht in zwanzig Jahre altem Edelessig, dann
wäre ich bald der Ärmste allhier und hinter den
sieben Bergen.*

Es gibt auch weniger teuren, nicht ganz so edlen Bal-

*samico, von dem ich schon mal 2 Tassen verbrauchen
kann, ohne im Armenhaus zu landen. Er ist ebenfalls
sehr dunkel, sehr milde und süßlich, und nimmt mir
seine Verwendung als Stimulanz für Trockenobst
nicht übel.*

*Ich gieße ihn in einen tiefen Teller, und bevor ich die
Aprikosen einlege, pfeffere ich den Essig exzessiv!
Also frisch gemahlenen schwarzen Pfeffer unterrühren, und zwar so viel, daß mir der Balsamico
auf der Zunge brennt! Ein knapper EL Zucker
kommt auch noch dazu. Darin die Trockenaprikosen
90 Minuten marinieren. Mehrmals umschichten.*

*Währenddessen präpariere ich das Fleisch. Es stammt
aus der Rehkeule, weil ich auch beim Ragout Wert
auf Zartheit lege und zu faul bin, es stundenlang zu
schmoren. Ich säubere es von Häuten und allem, was
nicht schieres, mageres Fleisch ist. Das wird in große
Würfel geschnitten, die ich auf dem Teller noch einmal halbieren muß, um sie manierlich in den Mund
zu kriegen. Für 4 Personen brauche ich 800 Gramm.
Aus den Häuten und zusätzlich besorgtem Reh- oder
Hasenfleisch habe ich einen Wildfond vorbereitet
und stark eingekocht, so daß er steif wie Pudding ist.
In einer großen Pfanne oder zwei mittelgroßen brate
ich die gesalzenen Fleischwürfel in Butterschmalz an.
Nach drei Minuten herumdrehen und weitere 2 Minuten braten. Dann in eine Schüssel füllen und
warmstellen (Backofen, 50⁰). In dieselbe Pfanne
schütte ich jetzt die marinierten und aufgeweichten
Aprikosen mit ihrer Feuchtigkeit. 2 EL Wildfond
dazu und alles bei lebhafter Hitze einkochen lassen,
bis kaum noch Flüssigkeit in der Pfanne ist.*

*Dazu gieße ich nun den Fleischsaft, der sich unter
den gebratenen Würfeln angesammelt hat, lasse auch
ihn aufkochen und schmecke ab. Eine sehr maskuline
Süße muß geschmacklich dominieren, das heißt, der
Pfeffer und der Essig sollen deutlich heraus-
schmecken. Andererseits darf der Einfluß der Aprikosen nicht verschwunden sein: Eine Prise Zucker
frischt ihn auf.*

*Jetzt auch das Ragout wieder in die Pfanne, 2 EL
kalte Butterwürfel einschwenken, und die Königin
wird begeistert sein. Vielleicht ißt sie dazu ein Kar-
toffelgratin, vielleicht nur schmale Bandnudeln;
Schneewittchen kann's egal sein.*

Rapunzel

Wie Frau Hoffmann so in der Sonne lag und die Reste einer guten Mahlzeit verdaute, die ihr durch die Unaufmerksamkeit einer Amselmutter zugefallen war (schadhaftes Nest, übergewichtige Nachkommen), mußte sie an eine Geschichte denken, über die zwei Enten beim Gründeln geschnattert hatten. Sie handelte von einem Mann und einer Frau, die wünschten sich lange vergeblich ein Kind. Die Leute hatten in ihrem Hinterhaus ein kleines Fenster, daraus konnte man auf einen prächtigen Garten sehen. Der aber war von einer hohen Mauer umgeben, und niemand wagte hineinzugehen, weil er einer Zauberin gehörte, die von aller Welt gefürchtet war.

Als ihre Zeit gekommen war und sie ein Kind zur Welt bringen würde, fiel der Blick der Frau auf ein Beet mit den schönsten Rapunzeln im Garten der Zauberin. Sie sahen so frisch und grün aus, daß sie von dem größten Verlangen nach diesen Rapunzeln geplagt wurde. Sie wurde ganz blaß und elend, und der Mann fragte:

»Was fehlt dir, liebe Frau?«

»Ach«, antwortete sie, »wenn ich keine Rapunzeln aus dem Garten hinter unserem Hause zu essen kriege, so sterbe ich.«

Was blieb dem Mann da anderes übrig, als in den Garten der Nachbarin zu klettern und eine Handvoll Rapunzeln zu stechen? Die Frau aß sie voller Begierde auf. Weil sie aber so außergewöhnlich köstlich schmeckten, mußte der Mann noch einmal über die Mauer klettern und weitere Rapunzeln holen. Dabei wurde er von der Zauberin erwischt. Vor die Wahl gestellt, wegen Mundraub bestraft zu werden oder ihr sein künftiges Kind zu überlassen, verzichtete er ohne zu zögern auf den erhofften Stammhalter.

Als das Kind zur Welt kam, war es jedoch ein Mädchen. Die Zauberin taufte es Rapunzel und nahm es mit sich fort. (Können nicht mehr als zehn Meter gewesen sein, schätzte Frau Hoffmann, als sie das Gehörte überdachte.)

Rapunzel ward das schönste Kind unter der Sonne. Als es zwölf Jahre alt war, schloß es die Zauberin in einen Turm im Walde ein, der hatte weder Tür noch Treppen, nur ein kleines Fenster. Wenn die Zauberin hineinwollte, stellte sie sich unten hin und rief:

>»Rapunzel, Rapunzel,
laß mir dein Haar herunter.«

Dann ließ Rapunzel ihre langen, goldenen Haare zwanzig Ellen tief aus dem Fenster fallen, und die Zauberin kletterte daran hinauf.

›Und wie‹, fragte sich skeptisch die Katze, ›ist sie mit dem Gör das erste Mal raufgekommen? Ohne Tür und Treppe?‹

Wie es der Zufall wollte, war der Turm nahe bei dem Amselnest, aus dem die Mahlzeit für Frau Hoffmann ebenfalls zwanzig Ellen in die Tiefe gefallen war. Und so dauerte es nicht lange, bis sie auf ihrem Verdauungsspaziergang den Turm erreichte. ›Wie muß die arme Rapunzel einsam sein‹, dachte sie voller Mitgefühl, das sich bei ihr immer einstellte, wenn sie gut gegessen hatte.

Als die Nacht hereinbrach, gewahrte sie, wie ein junger Mann sich leise dem Turm näherte. Das war der Königssohn,

und das Losungswort kannte er auch. Also rief er, als er unter
dem Turm stand:

>»Rapunzel, Rapunzel,
laß dein Haar herunter«.

Alsbald fielen die Haare herab, und der Königssohn stieg hinauf.

Frau Hoffmann konnte, wie alle Katzen, auch im Dunkeln
sehr gut sehen. Und so erkannte sie, daß der Königssohn ein
Ränzel trug, aus dem allerlei leckere Dinge lugten. Eine Flasche Schampus war darin, ein gebratenes Hühnchen, eine
Dose Kaviar, frische Erdbeeren und noch dies und das, was
jungen Leuten gut schmeckt.

›Ei‹, dachte unsere Naschkatze, ›da fällt gewiß auch für
mich noch etwas ab‹, denn sie begann wieder hungrig zu werden.

Zwar mußte sie lange warten, bis im Turm das Gläserklir-
ren und das Scherzen verstummte. Aber dann wurde ihre Geduld reichlich belohnt. Vom Hühnchen ein Beinchen, vom
Kaviar das Döschen und vom Schampus so manches Tröpf-
chen fielen nach und nach aus dem Fenster, auch von der
Pizza ein Bröckchen, aber Frau Hoffmann mochte kein
Ketchup.

›Heißa‹, sagte sie zu sich, ›was soll ich nach Mäusen jagen,
wenn hier das Nachtmahl ohne Müh' zu haben ist!‹

Also richtete sie sich in der Nähe des Turms häuslich ein.
Jede Nacht kam der Königssohn zu Rapunzel und brachte ihr,
was Küche und Keller seines Schlosses hergaben. Davon
wurde nicht nur Rapunzel immer dicker, sondern auch Frau
Hoffmann.

Doch die schönen Tage beim Turm der Zauberin gingen

abrupt zu Ende, als diese einmal unangemeldet auftauchte. Sie überraschte den Königssohn bei Rapunzel, und es gab viel Geschrei und Geheul. Der Turm wurde geräumt, und Rapunzel in eine Wüstenei verbannt, wo sie Zwillinge zur Welt brachte, während der Prinz beim Absturz großen Schaden nahm und blind durch den Wald irrte. Er aß nichts als Wurzeln und Beeren und tat nichts als jammern und weinen. Irgendwann geriet er ausgerechnet in die Wüstenei, wo seine Geliebte und ihre Gören lebten. Da zogen sie zusammen und tranken wieder Schampus und aßen Kaviar.

Doch diesen letzten Akt der Geschichte erfuhr Frau Hoffmann erst, als sie eines Tages wieder auf die beiden Enten traf. Die waren wie immer bestens informiert und erzählten ihr von Rapunzel und ihren Zwillingen und deren Vater, dem auch die Augen wieder aufgegangen waren.

Rapunzelsalat mit Hühnerleber

Die Zauberinnen an unseren Herden haben der Rapunzel die verschiedensten Namen gegeben, damit wir Amateure uns den Kopf zerbrechen sollen. Doch ob Rapunzel, Feldsalat, Nissel, Vogerl, Mache – es ist alles dasselbe Grünzeug, eine »gärtnerische Nutzpflanze mit nahrhaften, wohlschmeckenden Blattrosetten«. So steht es jedenfalls im Lexikon.
In der Küche liegt also ein Haufen kleiner, grüner Büschel, deren Blätter aus einer dünnen, hellen Wurzel wachsen. Ist diese noch existent, muß sie abgeknipst werden; die Blätter aber sollten trotzdem noch zusammenhalten. Zuerst werden sie gewaschen, denn Sand, der zwischen den Zähnen knirscht, entzückt

nur wenige Esser. Danach – wie jeden anderen Salat – trockenschwenken.

Salat ohne Vinaigrette gibt es nicht. Leider sagt uns das betreffende Märchen nicht, wie die Schwangere ihre Rapunzel anrichtete. Frau Hoffmann meint, mit dicker, fetter Sahne. Aber das ist ihr Geschmack. Im Fall der Hühnerlebern ist ein anderes Aroma vorzuziehen. Deshalb vermische ich in einem Schüsselchen 2 TL Sherryessig mit 1 TL Walnußöl und 3 TL Olivenöl. Diese Mischung wird mit schwarzem Pfeffer und 2 Tl sehr fein gehackten Schalotten verquirlt.

Das wird vorbereitet und auch die Säuberung der Hühnerlebern. Pro Portion brauche ich 2 große, möglichst helle, intakte Lebern. Die bestehen aus zwei aneinanderhängenden Teilen. Sie werden getrennt und etwaige Adern weggeschnitten.

Jetzt erhitze ich in einer Pfanne einen großen Klumpen Butter. Kurz bevor sie braun wird, salze ich die Lebern auf einer Seite und lege sie damit in die heiße Butter. 2 Minuten braten lassen. Dabei knallt und spritzt es ein paarmal, deshalb ist es ratsam, eine Küchenschürze zu tragen. Dann die Oberseite der Lebern salzen und herumdrehen. Die Knallerei geht weiter, und nach kurzer Zeit zeigen sich auf der Oberseite kleine Blutstropfen. Daran erkenne ich, daß die Lebern fast gar sind.

Die Konsistenz der garen Hühnerlebern ist sehr wichtig. Sie dürfen auf keinen Fall durchgebraten sein. Dann sind sie grau und trocken und haben einen leicht bitteren Geschmack. Aber rosa gebraten sind sie von unendlicher Zartheit und schmecken *wunderbar. Zur Probe schneide ich eine an und kontrolliere den Garzustand.*

Inzwischen habe ich den Salat auf Portionstellern angerichtet. Jetzt hebe ich die Leberstücke mit dem Schaumlöffel aus der Pfanne und lege sie auf den Salat. Das Bratfett in der Pfanne schütte ich weg, säubere sie aber nicht. Sie ist noch heiß, und dahinein schütte ich die vorbereitete Vinaigrette. Mit dem Holzlöffel das bißchen Bratensatz, das sich gebildet hat, vom Boden lösen, schwenken und die warme Vinaigrette portionsweise über die Lebern auf dem Salat löffeln.

Durch die Wärme ereignet sich dort eine kleine Aroma-Explosion. Irgendwie erscheint es nicht mehr so unglaubwürdig, daß eine Mutter dafür ihr Kind weggibt.

Tischlein, deck dich!

Es geschah eines schönen Tages, daß Frau Hoffmann auf dem Weg durch das Land einer Ziege begegnete. Sie war aber nicht wie andere Ziegen, sondern hatte eine Glatze.

»Gott zum Gruß, Skinhead«, sagte Frau Hoffmann, »wohin des Wegs?«

»Wenn ich's nur wüßte«, meckerte die Ziege. »Mein Herr, ein jähzorniger Schneider, hat mich rasiert und aus dem Haus gejagt. Jetzt weiß ich nicht, wo ich ein Asyl finde.«

›Schon wieder ein Schneider‹, dachte Frau Hoffmann. ›Muß ein Nest sein.‹ Laut aber sagte sie:

»Was hast du denn angestellt, daß dich ein Schneider rasieren mußte?«

»So du Geduld hast, werde ich dir meine Geschichte erzählen. Wenn's dich aber langweilt, so ziehe deines Wegs und störe mich nicht.«

Ohne eine Antwort abzuwarten, begann sie augenblicklich mit ihrer Erzählung:

»Ich wohnte bei einem alten Schneider und seinen drei Söhnen. Die brachten mich abwechselnd zum Fressen auf die Weide. Entweder auf den Kirchhof, wo schöne Kräuter stehen, oder an die Gartenhecke, wo auch alles wächst, was gut schmeckt, oder zu saftigem Buschwerk mit dem schönsten Laube. Dort aß ich den ganzen Tag nach Herzenslust. Und wenn mich der jeweilige Sohn fragte: ›Ziege, bist du satt?‹, antwortete ich jedesmal:

›Ich bin so satt,
ich mag kein Blatt: meh! meh!‹«

›Schon wieder eine Lyrikerin‹, dachte Frau Hoffmann bei sich und machte sich auf weitere Verse gefaßt.

»Wenn sie mich dann nach Hause brachten«, fuhr die Ziege fort, »fragte der Schneider: ›Nun, hat die Ziege ihr gehöriges Futter?‹ Keiner der Söhne konnte der Magie meiner Verse widerstehen, und so war die Antwort immer dieselbe:

›Die ist so satt, sie mag kein Blatt.‹

Die Macht der Poesie, wenn du verstehst, was ich meine.«

Frau Hoffmann verkniff sich eine Bemerkung und hoffte, die Ziege möge ihre Geschichte schnell zu Ende bringen.

»Der alte Schneider«, fuhr diese fort, »traute seinen Söhnen aber nicht. Und so kam er zu mir in den Stall und fragte mich selber, ob ich auch satt zu essen gehabt habe. Da ich mich nicht selbst plagiieren wollte ...«

»Was wolltest du nicht?« unterbrach Frau Hoffmann die Erzählerin, denn das war ein Wort, wie sie noch nie eines gehört hatte.

»Mich selbst plagiieren, du dumme Katze, ist ungefähr so, wie wenn du immer nur ›Miau‹ sagen würdest, nichts als ›Miau‹. Also antwortete ich dem Schneider mit einem Dreizeiler. Hör zu:

›Wovon sollt' ich satt sein?
Ich sprang nur über Gräbelein,
und fand kein einzig Blättelein: meh! meh!‹«

Frau Hoffmann sträubte sich der Pelz. ›Gräbelein, Blättelein‹, das ist doch reinste Frauenlyrik. Und das abschließende ›meh! meh!‹ viel zu manieriert. Einmal ›meh!‹ hätte genügt. Aber sie schwieg.

»Darauf geriet der Schneider in eine große Wut und prügelte seinen Sohn zum Haus hinaus. Am nächsten Tag erging es dem zweiten Sohn nicht anders, und auch der dritte Sohn bekam eins mit der Elle übergezogen, daß er zum Haus hinaussprang. Also mußte der alte Schneider mich höchstpersönlich zur Weide führen, wo ich grüne Blättlein und Schafrippen fraß, bis ich satt war und sagte:

> ›Ich bin so satt,
> Ich mag kein Blatt: meh! meh!‹«

Frau Hoffmann kannte den Vers bereits auswendig und unterbrach die Dichterin.

»Sag, wie schmeckt eine Schafrippe? Schmeckt sie wie Leberwurst?«

»Nein, sie schmeckt anders.«

»Schmeckt sie wie Kieler Sprotten?«

»Nein, sie schmeckt anders.«

»Schmeckt sie etwa wie Hühnerleber?«

»Nein, nein, nein! Sie schmeckt wie Sauerampfer, Klee und Kresse, wie Disteln von den Alpenpässe.«

»Danke vielmals«, sagte Frau Hoffmann, die noch nie in den Alpen war und deshalb auch das fehlende ›n‹ nicht bemerkte.

Die Ziege nahm ihre Erzählung wieder auf.

»Als der Schneider hörte, daß ich satt war, führte er mich zurück in den Stall. Er gab mir einen Gutenachtkuß und sagte: ›Nun bist du doch einmal satt!‹

Ich aber rief ihm nach:

›Wie sollt ich satt sein?
Ich sprang nur übers Gräbelein,
Und fand kein einzig Blättelein: meh! meh!‹

Den Alten traf fast der Schlag. Sein Geschrei hättest du hören
sollen! Ihn ergriff ein so gewaltiger Zorn, daß er mich kahl
schor und mit der Peitsche zum Haus hinausjagte. So bin ich
also hier, und weiß nicht, wohin«, beschloß die Ziege ihre Erzählung.

Eine Zeitlang herrschte Stille im Wald. Zwei Eichhörnchen lugten aus einer Baumkrone, um sich die kahle Ziege
anzuschauen. Drei Schmetterlinge und ein Bienenschwarm,
die merkten, daß keine weiteren Dreizeiler zu erwarten waren, starteten zu neuen Flügen, und auch Frau Hoffmann
putzte sich wieder. Dann fragte sie:

»Und was ist aus den Söhnen geworden?«

Aber die Ziege antwortete nicht. Ihr war soeben ein neuer
Reim eingefallen, an dem feilte sie jetzt. Frau Hoffmann
fragte noch einmal. Da wackelte sie gleichzeitig mit dem Zie-
genschwänzchen und dem Ziegenbärtchen wie eine richtige
Dichterin und verschwand mit lautem »mäh, mäh, mäh!« im
Unterholz.

Inzwischen war es Mittag geworden, und Frau Hoffmann
schaute sich nach einer guten Mahlzeit um. Da kam ein junger Bursch des Wegs, der trug auf dem Rücken ein Tischlein,
führte an der Hand ein Eselein, und vom Gürtel hing ihm ein
Knüppel im Sack. Er sang ein fröhlich Liedlein, und Frau
Hoffmann dachte: ›Ein so lustiger Bursch gibt mir bestimmt
zu essen.‹ Sie lief hinter ihm her, bis er einen schönen Platz
fand. Dort stellte er sein Tischchen auf und ließ den Esel wei-

den. Den Sack mit dem Knüppel aber hängte er an einen Apfelbaum.

›Wenn das alles ist, was er besitzt, fällt für mich nicht einmal ein Knöchelchen ab‹, dachte Frau Hoffmann enttäuscht und wollte sich auf und davon machen. Doch da stellte sich der Bursch vor sein Tischchen und sprach:

»Tischlein, deck dich!«,

und da war das gute Tischchen auf einmal mit einem saubern Tüchlein bedeckt, und es stand da ein Teller, und Messer und Gabel lagen daneben, und Schüsseln mit Gesottenem und Gebratenem, so viele Platz hatten, und ein großes Glas mit rotem Wein leuchtete, daß einem das Herz lachte.

Frau Hoffmann sperrte vor Verblüffung ihr Schnäuzchen weit auf, daß das Wasser heraustroff. Das sah der Bursch, der bereits zugegriffen und einen guten Schluck genommen hatte, und lud sie ein mitzuhalten, solange sie wolle.

Das ließ sie sich nicht zweimal sagen und sprang auf den Tisch. Als sie sich den Bauch an gebratenen Täubchen, an Kalbskoteletts und Tafelspitz vollgeschlagen hatte, bemerkte sie, daß die Teller und Schüsseln nicht leerer wurden. Auch der Bursch hörte nicht auf zu essen und zu trinken, aber das Tischchen war stets wohl gefüllt. Nun, ihr sollte es recht sein, wenn dies nicht mit rechten Dingen zuging. Schließlich begann der Bursch wieder zu singen, und da sie auch vom roten Wein gekostet hatte, stimmte sie in sein Lied ein.

Dann rülpste der Bursch und hielt seinen Mittagsschlaf im Schatten einer Linde. Frau Hoffmann aber rollte sich neben ihm zusammen und tat es ihm gleich.

Fortan wich sie dem Burschen nicht mehr von der Seite und wanderte mit ihm bis zu seines Vaters Haus.

Der Vater aber war der alte Schneider, von dem die Ziege erzählt hatte. Seine anderen Söhne waren auch zurückgekehrt. Der eine hatte auch ein Tischlein-deck-dich, aber das hatte ihm ein tückischer Wirt unterwegs vertauscht. Der andere Sohn hatte einen Esel nach Hause gebracht wie der, auf dem Frau Hoffmann saß. Aber jener war nur ein einfacher Esel, der nichts als I-aaah sagte. Der Esel des Burschen jedoch konnte Goldstücke speien von hinten und vorn, daß es nur so prasselte. Schließlich war auch der Knüppel im Sack kein gewöhnlicher Knüppel, sondern fuhr allen auf den Leib, daß es eine Art hatte.

Täglich kamen jetzt Verwandte ins Haus, um sich an dem Tischlein-deck-dich kostenlos zu sättigen und von den Goldstücken des Esels so viel heimzuschleppen, wie sie tragen konnten. Dann herrschte ein solches Lärmen, Klingeln und Klopfen im Haus, Lieder wurden gesungen und Humpen geschwungen, und die Burschen prahlten mit ihren Erlebnissen bei ihren Meistern, daß Frau Hoffmann es nicht länger mehr aushielt.

Sie sagte den gebratenen Wachteln und dem speienden Esel ade und begab sich wieder auf die Wanderschaft. Manchmal, wenn die Bienen summten und die Eichhörnchen in den Bäumen tobten, dachte sie an die kahle Ziege und fragte sich, was aus ihr wohl geworden sei.

Ziegenquark mit Oliven

Hierbei handelt es sich um eine kalte Käseterrine,
die auf jedem Büffet eine gute Figur macht,
auch wenn Frau Hoffmanns Geschmack in eine
andere Richtung geht.

Ziegenfrischkäse heißt in Südfrankreich, wo dieses Rezept beheimatet ist, brousse. *Er ist nicht so wässerig wie Quark im allgemeinen; sein Ziegengeschmack ist kaum wahrnehmbar. Für eine längere, schmale Terrinenform brauche ich ungefähr 1 Kilo. Sie sollte mit dem Käse ausgefüllt sein. Der wird zunächst mit Olivenöl vermischt. Das hat den Zweck, die Masse, welche unbedingt im Kühlschrank aufbewahrt werden muß, zu festigen. Olivenöl wird nämlich in der Kälte steif.*

Von der Quarkmasse lege ich ein Drittel zur Seite. Es wird wahrscheinlich etwas gesalzen, bestimmt aber gut gepfeffert. Und zwar mit grob gemörserten, schwarzen Pfefferkörnern! Den größeren Teil des Ziegenquarks vermische ich mit einer Olivenpaste, tapenade *genannt. Die kann man zwar fertig kaufen, aber bekanntlich läßt sich alles auf der Welt verbessern, deshalb drücke ich 2 Knoblauchzehen durch die Presse und röste in einer trockenen Pfanne eine Handvoll Pinienkerne an, bis sie braun (aber nicht schwarz) werden. Die Kerne mit einem schweren Kochmesser grob hacken oder im Mörser zertrümmern. Knoblauch und Pinienkerne vermische ich mit der Olivenpaste, welche ich, wie gesagt, unter den größten Teil des Käses rühre. Der nimmt eine braungraue Farbe an, und das ist der äußere Reiz dieser Terrine. Denn die Hälfte der braunen Masse lege ich auf den Boden der Form, darauf eine Schicht des naturbelassenen, weißen Ziegenquarks, und auf diese abschließend wieder eine braune Schicht. Im Kühlschrank mindestens 24 Stunden steif werden lassen, bevor man die Terrine scheibenweise anschneidet.*

Es liegt auf der Hand, daß die Bearbeitungsmöglich-
keiten des Ziegenfrischkäses damit nicht erschöpft
sind. Sechs verschiedene Variationen lassen sich
mühelos herstellen. Zum Beispiel mit dünnen Zesten
von Limetten und feingehackter Ingwerwurzel.
Oder mit Sardellenfilets und gedünsteter, fein gewür-
felter roter Paprika. Oder mit kleinen Rosinen,
welche in Marc (Grappa, Trester) eingeweicht
wurden. Oder ich lasse die Tapenade weg und färbe
die untere und die obere Schicht mit sehr fein
gehackten, schwarzen Trüffeln! Da wird niemand
meckern »Ich bin so satt, ich mag kein Blatt!«

Der Froschkönig

Als Frau Hoffmann den Schneider und seine drei Söhne verließ, wußte sie nicht, wohin sich wenden. Nach rechts, wo die Lämmlein springen? Nach links, wo die Pferdchen grasen? Oder geradeaus, wo Hexen schwarze Raben auf der Schulter tragen? Wie sie so unentschlossen dastand, kam eine Eule geflogen. Die hatte die Weisheit mit Löffeln gefressen und wußte auf jede Frage eine Antwort.

»Sag mir, wohin ich gehen soll. Nach rechts, nach links oder geradeaus? Ich will es dir auch reichlich lohnen!«

Die Eule knackte mit dem Schnabel.

»Wenn du aus meinem Revier verschwindest, ist mir das Lohn genug«, erwiderte sie kurz angebunden. »Du und deinesgleichen, ihr fangt mir nur die Mäuse weg.«

Frau Hoffmann versprach, sich schnurstracks hinwegzubegeben, wenn sie nur wüßte, welche Richtung die rechte sei.

»So höre denn«, sagte die Eule und riß ihre großen Augen auf. »Du kannst deinem Instinkt folgen und in den Wald gehen. Dort gibt es Mäuse und anderes Getier, das du jagen magst. Du kannst auch deinem Verstand folgen, der dir den Weg ins Dorf weist. Dort gibt es Suppen, die nicht ausgelöffelt werden, und manchen Brei, der übrigbleibt. Davon läßt sich leben. Aber wenn du deiner Intelligenz folgen wirst, kommst du früher oder später zum Königsschloß. Dort mußt du nur die Bekanntschaft einer hochstehenden Persönlichkeit machen, und du hast ausgesorgt bis an dein Lebensende.«

Frau Hoffmann, die eine intelligente Katze war, bedankte sich artig und machte sich auf, das nächste Königsschloß zu suchen. Bei den vielen Königssöhnen, die ihr auf ihrer Wanderschaft begegnet waren, hielt sie das für einfach. Und das war es auch.

Sie war noch keinen halben Tag gegangen, da sah sie die feudale Immobilie vor sich liegen. Es war ein Schloß mit vielen Zinnen und Türmen, einem Graben voll Wasser vor dem Eingang und einem in französischer Manier angelegten Garten. Sie liebte Gärten in französischer Manier, weil die vielen Buchsbaumhecken so wunderbar duften und meistens auch ein Goldfischteich vorhanden ist, in dem köstliche Fischchen schwimmen.

Sie begab sich auf geradem Wege dorthin und geriet unverzüglich in den Mittelpunkt eines dramatischen Geschehens. Sie sah einen Frosch aus einem Brunnen springen und hinter einer jungen Dame herhüpfen. Diese war von außergewöhnlicher Schönheit und trug eine Krone im Haar, damit jedermann erkennen konnte, wer sie war. Zusätzlich hielt sie in der Hand einen goldenen Ball. Goldene Bälle waren und sind zwar kolossal unpraktisch für jedes Ballspiel, aber immer auch ein Zeichen von Reichtum und Macht. Frau Hoffmann erkannte auf den ersten Blick: Frosch verfolgt Königstochter.

Sie haßte Frösche. In dem Garten von dem Mann und der Frau, bei denen sie vor Beginn ihrer Wanderschaft gewohnt hatte, wohnte auch ein dicker Frosch. Er quakte die ganze Nacht und störte so die Darbietungen des dörflichen Katzenchors erheblich. Aber niemand mochte ihn zum Schweigen bringen, weil sich alle ekelten, mit ihm in den Clinch zu gehen. Als sie einmal für ein Musical probten und wegen des Gequakes völlig aus dem Takt gerieten, entschlossen sich der Chorleiter, ein alter Kater namens Rumtamtiger, den Frosch plattzumachen. Er schärfte seine Krallen und plusterte sich auf wie ein Stachelschwein. Doch als er zurückkam, roch er wie Pech und Schwefel, und seine Stimme erreichte nie mehr den Glanz, den sie vordem hatte. Der Frosch aber quakte weiter, jede Nacht.

Mit dieser Erinnerung fiel es Frau Hoffmann nicht schwer, gegen den nassen Hüpfer und für die Königstochter Partei zu ergreifen. Sie lief ihr voraus und ebnete ihr den Weg, so daß der grüne Kavalier das Nachsehen hatte. Beide, die Königstochter und Frau Hoffmann, gelangten unbelästigt ins Schloß, wo bereits die Tafel für ein Abendessen gerichtet war. Der Koch hatte einen Hammel an den Spieß gesteckt, ein Schweinskopf ward gekocht und mit einer Zitrone geschmückt; es gab Fasanen, Lerchen und Kapaune und so viele Puddings, wie nur jemand essen mochte. Die Königstochter setzte sich zu Tisch, und Frau Hoffmann durfte auf einem Sessel sitzen, der mit Goldbrokat bezogen war.

Doch wie der König und alle Hofleute vor den goldenen Tellern saßen und sich mit goldenen Gabeln große Stücke von der Goldbrasse abschnitten – Fisch wird, wie man weiß, nicht mit dem Messer gegessen – da kam, plitsch platsch, plitsch platsch, etwas die Marmortreppe heraufgekrochen, und als es oben angelangt war, klopfte es an der Tür und rief:

»Königstochter, jüngste, mach mir auf.«

Sie ließ ihren Hummer, an dessen Beinchen sie gerade zuzelte, liegen und stehen und wollte sehen, wer draußen wäre. Als sie aber aufmachte, so saß der Frosch davor.

Da warf sie die Tür hastig zu und setzte sich schwer atmend wieder an den Tisch.

Der König sah wohl (auch Frau Hoffmann entging dieses

wichtige Detail keineswegs), daß ihr Herz gewaltig klopfte, und sprach:

»Mein Kind, was fürchtest du dich? Steht etwa ein Riese vor der Tür und will dich holen?«

Frau Hoffmann wäre beinahe vom Stuhl gefallen bei dieser Frage. Denn alle, außer dem König, hatten längst spitzgekriegt, daß es ein Frosch war, der da Einlaß begehrte.

Die Königstochter klärte ihn also hastig auf, denn nun klopfte der grüne Kavalier aufs neue und rief dazu:

> »Königstochter, jüngste,
> mach mir auf,
> weißt du nicht, was gestern
> du zu mir gesagt
> bei dem kühlen Brunnenwasser?
> Königstochter, jüngste,
> mach mir auf.«

Da mußte die Wahrheit ans Licht kommen, und mochte die Königstochter, jüngste, sich noch so zieren und erröten. Sie hatte, gestand sie dem Vater, den goldenen Ball in den Brunnen geworfen, woraus ihn der Frosch wieder heraufgeholt hatte.

»Und weil er es durchaus verlangte, so versprach ich ihm, er sollte mein Geselle werden.«

Was die Königstochter, jüngste, aber verschwieg, waren die zusätzlichen Versprechungen, die sie dem Frosch gegeben hatte. So sollte er neben ihr an ihrem Tischlein sitzen dürfen, von ihrem goldenen Tellerlein essen, aus ihrem goldenen Becherlein trinken und in ihrem Bettlein schlafen.

Frau Hoffmann, die mit beiden Ohren zuhörte, kam das alles sehr bekannt vor. ›Entweder tritt hier als nächstes eine

Zwergentruppe auf oder ein verliebter Prinz‹, schwante ihr. Und sie sollte recht haben.

Der König ließ die Gänsekeule sinken, die er zum Munde führen wollte, und ward sehr zornig, wie seine Tochter sich weigerte, ihr Versprechen einzulösen. Also ging sie und öffnete die Tür, da hüpfte der Frosch herein, ihr immer auf dem Fuße nach, bis zu ihrem Stuhl. Von Frau Hoffmann, die ihn mit gesträubtem Fell beobachtete, nahm er keine Notiz.

Es ergab sich, daß der König noch einmal zugunsten des Frosches intervenieren mußte, damit sie ihn auf den Tisch hob und er von ihrem goldenen Tellerchen essen konnte. Er ließ es sich gut schmecken (getrüffeltes Kalbsbries mit Fliegensauce), ihr aber blieb fast jedes Bißlein im Halse stecken.

Endlich sprach der Frosch: »Ich habe mich satt gegessen und bin müde, nun trag mich in dein Kämmerlein und mach dein seiden Bettlein zurecht, da wollen wir uns schlafen legen.«

Wieder bedurfte es eines Machtworts des Königs, damit sie tat, was der Frosch begehrte. Frau Hoffmann rannte den beiden voraus und versteckte sich auf einem Schrank in dem Kämmerlein der Königstochter, welches an die vierzig Quadratmeter groß war.

Es kam, wie es kommen mußte. Als der Frosch zur Königstochter ins Bett hüpfte, packte sie ihn und warf ihn mit aller Kraft wider die Wand. Als er aber herabfiel, war er kein Frosch, sondern ein Königssohn mit schönen, freundlichen Augen. Der war nun nach ihres Vaters Willen ihr lieber Gesell und Gemahl.

Frau Hoffmann war's egal. Die Königstochter würde sich dankbar zeigen und ihr ein behagliches Plätzchen an ihrem Tischchen zuweisen, hoffte sie und schlief zufrieden ein. Doch als die Sonne aufging, kam ein Wagen herangefahren,

mit acht weißen Pferden bespannt, die hatten weiße Strau-
ßenfedern auf dem Kopf und gingen in goldenen Ketten, und
hinten stand der Diener des jungen Königs, das war der treue
Heinrich, der holte den jungen König und die Königstochter
in sein Reich.

Da war es wieder nichts mit einer Vollpension für Frau
Hoffmann. ›Frösche!‹ dachte sie voll Verachtung, ›sie sind alle
gleich‹, und machte sich erneut auf den Weg ins Ungewisse.

Froschschenkel in schäumender Butter mit Knoblauch

*Es gab einmal eine Zeit, da waren die Frösche so
zahlreich, daß die Menschen bei den nächtlichen
Froschkonzerten nicht mehr schlafen konnten. Da
machten sie sich auf, die Quaker zu dezimieren,
indem sie sie brieten und aßen. Hier ist das Rezept,
nach dem heute noch in der Bresse die Frösche
zubereitet werden:*
*Pro Person 1 Dutzend Froschschenkel salzen und
mehlen. In einer großen Pfanne 100 g Butter sehr
heiß werden lassen. Darin nicht mehr Froschschenkel
als nebeneinander liegen können ungefähr 10–12
Minuten braten. Sollte dabei die Butter braun
werden, war ihre Menge nicht groß genug: sofort
weitere Butter in die Pfanne geben. Kurz vor Ende
der Bratzeit 3 bis 6 gehackte Knoblauchzehen dazugeben. Der Knoblauch sollte nicht braun werden.
Mit einem Schaumlöffel herausheben und in der
Bratbutter 2 EL gehobelte Mandeln bräunen, mit*

*Zitrone ablöschen und mit kleingehackter Petersilie
bestreuen. Über die auf Tellern angerichteten Froschschenkel verteilen. Dazu ißt man Weißbrot und
trinkt Vin jaune.*

*Aus der Zeit, als Prinzessinnen noch mit goldenen
Bällen spielten, ist eine weitere Version überliefert:
In der Butter wird geräucherter, halbfetter Bauchspeck ausgelassen. Die gemehlten Froschschenkel
werden darin angebraten wie im ersten Rezept. Doch
statt des Knoblauchs werden abschließend Salbeiblätter mitgebraten und zerstoßene Korianderkörner
über die Teller gestreut. Ob die Prinzessinnen wirklich wußten, was gut schmeckt?*

*Jedenfalls darf man Froschschenkel mit den Fingern
essen, beziehungsweise abknabbern. Vorausgesetzt
natürlich, der Wirt stellt Fingerschalen auf den Tisch.*

Rotkäppchen

Wie Frau Hoffmann so ihres Weges schritt, fiel ihr auf, daß sie über all den aufregenden Ereignissen den eigentlichen Grund für ihre Reise völlig vergessen hatte. Sie dachte an Rapunzel, der ein Königssohn jede Nacht die feinsten Leckerbissen brachte; sie dachte an Schneewittchen, die von einem Königssohn begehrt wurde, als sie noch tot im Sarge lag, und sie dachte an die Königstochter, in die sich sogar ein Frosch verliebte. ›Was haben all diese Tussis, was ich nicht habe?‹ fragte sie verzweifelt, bekam aber keine Antwort.

Auch das Mädchen, dem sie bald darauf begegnete, wußte nicht, wie man Kater anmacht. Sie war auch sonst nicht gerade die Hellste, stellte Frau Hoffmann fest, die sie ein Stück des Wegs begleitete. Denn als sie durch den Wald gingen, kam der Wolf daher, und das Mädchen fürchtete sich nicht vor ihm. Frau Hoffmann, die vorsichtshalber ins Gebüsch gesprungen war, hörte, wie sie ihm Kuchenrezepte verriet und auch sonst recht offenherzig war.

»Guten Tag, Rotkäppchen«, sprach der Wolf. »Wo hinaus so früh?«

»Zur Großmutter.«

»Was trägst du da unter der Schürze?«

»Kuchen und Wein: Gestern haben wir gebacken, da soll sich die kranke und schwache Großmutter etwas zugut tun und sich damit stärken.«

»Rotkäppchen, wo wohnt deine Großmutter?«

Und das naive Rotkäppchen gab ihm die Adresse der Großmutter, die Telefonnummer und beschrieb ihm auch den geradesten Weg dorthin: »Eine Viertelstunde weiter im Wald, unter den drei großen Eichbäumen.« Sie selber aber lief vom Wege ab in den Wald hinein und suchte für die liebe Großmutter Blumen.

Der Wolf aber hatte so aus dem Maul gestunken, daß Frau Hoffmann mißtrauisch geworden war.

»Hat deine Mutter dir erlaubt, vom geraden Weg abzugehen?« fragte sie das Rotkäppchen.

»Nein, hat sie nicht. Aber es ist so früh am Tag, daß ich doch zu rechter Zeit ankomme.«

»Hat deine Mutter dir nicht aufgetragen, den Kuchen und Wein zur Großmutter zu bringen, bevor es heiß wird?«

»Klar hat sie das. Aber wenn ich der Großmutter einen frischen Strauß schöner Blumen bringe, wird ihr der auch Freude machen.«

»Hat dir die Mutter nicht gesagt, du sollst dich unterwegs von niemandem anquatschen lassen?«

»Gewiß. Aber vor dir fürchte ich mich nicht.«

Frau Hoffmann seufzte.

»Wovor fürchtest du dich denn?«

»Ich fürchte mich vor Schadstoffen in der Luft. Ich fürchte mich vor dem Ozonloch, und ich fürchte mich vor Schwermetall im Salat.«

»Du ißt wohl gerne Salat?«

»Salat liebe ich über alles. Danach liebe ich Müsli, Siebenkornbrot und Sojakeimlinge. Tofu mag ich auch sehr gern, und Vollkornmus und …«

»Das reicht«, unterbrach Frau Hoffmann das Mädchen. »Dein rotes Mützchen ist wohl aus handgesponnener Baumwolle, stimmt's?«

»Allerdings«, staunte Rotkäppchen. »Woher weißt du das?«
»Schon gut«, murmelte die Katze. »Ich schlage vor, wir gehen jetzt flugs zu deiner Großmutter.«

So schritten die beiden rüstig fürbaß, bis sie das Häuschen
der kranken und schwachen Großmutter erreichten. Es waren
aber nur zwei große Eichbäume da, weil Rotkäppchen nicht
bis drei zählen konnte. Das erklärte auch ihr Verhalten in
Großmutters Stube.

Wie sie auf das Häuschen zugingen, sahen sie, daß die Tür
weit offen stand. Da wunderte sich Rotkäppchen zum ersten
Mal. Zögernd trat sie ein und rief »Guten Morgen«, bekam
aber keine Antwort.

Frau Hoffmann, die ihr auf dem Fuße folgte, nahm einen
verdächtigen Geruch wahr, der sie an den wölfischen Rachen
erinnerte. Vorsichtshalber zog sie sich auf einen Ast der Eiche
zurück. So konnte sie zwar nicht sehen, was in der Stube vor
sich ging, aber ihren feinen Ohren entging kein Laut. Sie
hörte Rotkäppchen fragen:

»Ei, Großmutter, was hast du für große Ohren?«

»Daß ich dich besser hören kann«, antwortete ihr eine
Stimme. ›Wenn das die Großmutter ist, heiße ich Habakuk‹,
dachte Frau Hoffmann und lauschte weiter.

»Ei, Großmutter, was hast du für große Augen?«

»Daß ich dich besser sehen kann.«

»Ei, Großmutter, was hast du für große Hände?«

»Daß ich dich besser packen kann.«

»Aber, Großmutter, was hast du für ein entsetzlich großes
Maul!«

»Daß ich dich besser fressen kann!«

Darauf erfolgten Geräusche, daß sich Frau Hoffmann der
Buckel krümmte. Nach einer geraumen Weile sagte sie sich,
›Ich schätze, das war's, und wollte gerade wieder vom Baum

herunter, als in dem Häuschen ein gewaltiges Schnarchen anhub und sich gleichzeitig der Jäger näherte. Da machte sie es sich wieder auf ihrem Ast bequem und wartete den Fortgang der Handlung ab.

Der Jäger sprach nach Art alter Männer laut vor sich hin:

»Wie die alte Frau schnarcht! Da muß ich doch sehen, ob ihr etwas fehlt.«

Er fischte aus seiner Hosentasche einen Flachmann, schraubte die Kapsel ab und nahm einen tiefen Schluck. Dann verschwand er im Häuschen, und es dauerte nicht länger, als es braucht, bis einer in den vielen Taschen seines Jägerrocks die Brille gefunden hat, daß er ausrief: »Finde ich dich hier, du alter Sünder? Ich habe dich lange gesucht!«

Dann rumorte es im Häuschen, eine Schere klapperte, das Schnarchen hörte auf, und dann hörte die Katze Rotkäppchens Stimme: »Ach, wie war ich erschrocken, wie war's so dunkel in dem Wolf seinem Leib!«

Alsbald knallte ein Korken, und Rotkäppchen und die Großmutter erschienen auf der Türschwelle und sammelten große Steine, die sie ins Haus schleppten. Nach einer Weile polterte der Wolf zur Tür hinaus, brach aber nach wenigen Schritten tot zusammen.

Da erhoben Rotkäppchen, die Großmutter und der Jäger die Gläser mit rotem Wein und freuten sich von ganzem Herzen. Sie krümelten mit dem Kuchen herum und zogen noch so manchen Korken, bis es dunkel wurde und Frau Hoffmann die Nachtigall trapsen hörte. Die erinnerte sie daran, daß sie hungrig war, und half ihr, das Rotkäppchen zu vergessen.

Rotkäppchens Gugelhupf

*Ein Kuchen für jede Tageszeit. Zum Frühstück mit
Milchkaffee, zum Mittagessen als Dessert mit einem
Gewürztraminer und als Betthupferl mit einem Glas
Chartreuse vert, dazu seine bildschöne Form – hier
haben wir den Inbegriff eines Kuchens! Und weil
Rotkäppchen Wert darauf legt, ist diese Version sogar
besonders gesund.*

*Denn das Mehl stammt von der Dinkel genannten
Weizensorte. Ihre Körner haben eine viel dickere
Schale als normaler Weizen, deshalb ist Dinkel weniger empfindlich gegen alles, womit Weizenfelder
heute besprüht werden.*

*Wie immer bei Backwerk, muß die angegebene Men-
ge der Zutaten genau eingehalten werden. Es sind:
500 g Mehl, 10 g Salz, 75 g Zucker, 200 g Butter,
2 Eier, 2 dl Milch, 1 Päckchen (42 g) frische Hefe,
80 g helle Rosinen, 50 g gehobelte Mandeln.*

*Die Hefe in der Hälfte der lauwarmen Milch auf-
lösen. Mit etwas Mehl zu einem sämig-flüssigen Teig
verrühren. An einem mäßig warmen Platz aufgehen
lassen, bis die Masse sich verdoppelt hat. Das kann 90
Minuten dauern.*

*Auf einer Arbeitsplatte folgende Zutaten miteinan-
der vermischen: Mehl, Salz, Zucker, die Eier und die
restliche Milch. Gut verrühren und 10 Minuten mit
den Händen kräftig durchkneten. Den Teig immer
wieder hochheben und auf die Unterlage schlagen,
damit er gut durchgelüftet wird.*

*Die Butter handwarm werden lassen und ebenfalls in
den Teig kneten. Weitere 15 Minuten bearbeiten, bis*

*er sich von den Händen löst. Eventuell – sofern das
nötig erscheint – 1 EL Mehl dazugeben. Dann das
Hefegemisch hineinkneten, durchwalken und auf
dem Boden einer Schüssel zusammenpressen. Mit
einem Tuch bedecken und aufgehen lassen. Das
geschieht nach zirka 1 Stunde, je nach Zimmertem-
peratur und Wetterlage. Danach noch einmal auf die
ursprüngliche Menge zusammenklopfen.*

*Inzwischen sind die Rosinen in Wasser weich gewor-
den. Sie werden in den Teig eingearbeitet und dieser
in eine vorbereitete Gugelhupfform gefüllt. Vorbereitet heißt, die Form wurde gründlich ausgebuttert und
mit den Mandelscheiben ausgestreut. Auch die Form
mit einem Tuch bedecken und den Teig ein zweites
Mal aufgehen lassen, bis er sogar etwas über den
Rand hinausgequollen ist. Das kann bis zu 2 Stunden
dauern.*

*Dann endlich ab in den vorgeheizten Backofen
(210°), wo er nach ungefähr 45 Minuten gar wird,
was man deutlich und gerne riecht: ein wunderbarer
Duft! Nach kurzem Abkühlen aus der Form kippen.
Ein gelungener Gugelhupf ist gelb wie die Sonne und
innen großporig und locker. Die Großmutter und wir
alle mögen ihn am liebsten, wenn er mit Puderzucker
bestreut und fast noch warm auf den Tisch kommt.*

Dornröschen

Als der neue Tag anbrach, putzte sich Frau Hoffmann den Schlaf aus den Augen, glättete ihren Pelz und wetzte ihre Krallen an einem Kastanienbaum.

›Wenn ich's recht bedenke, habe ich manches gesehen, einiges gerochen und vieles gefressen‹, dachte sie. ›Aber den richtigen Futterplatz habe ich nicht gefunden, die Kater-Anmache nicht gelernt und den Weg zurück vergessen.‹ Und sie tat sich wieder einmal schrecklich leid.

Doch die Sonne stand noch nicht hoch am Himmel, da sah sie vor sich wieder ein Königsschloß. Es war nicht ganz so groß wie das, in dem Aschenputtel tanzte; es hatte nicht den Garten in französischer Manier wie das, in dem der Frosch seine Gespielin fand, und es hatte auch wenig Ähnlichkeit mit dem Schloß, wohin Schneewittchen mit ihrem Prinzen vor den mörderischen Zwergen geflohen war. Es war ein Schloß wie jedes andere, und wer jemals durch Potsdam gereist ist, weiß, wie die aussehen.

›Was soll's‹, wischte Frau Hoffmann alle ästhetischen Bedenken beiseite. ›Eine Küche wird es drinnen geben, und ein Bratspieß wird da sein, der sich dreht, und eine Kammer voller Speck und Mäuse.‹ Und da sie den Rat der klugen Eule nicht vergessen hatte, machte sie sich auf, die Köchin kennenzulernen.

Nun begab es sich, daß in diesem Schloß keine Köchin war, sondern ein Koch. Der wußte alle Rezepte und erfand jeden

Tag ein neues. Denn der König und die Königin wollten nur die feinsten Dinge essen. Mit ihm freundete sich Frau Hoffmann an. Die einflußreiche Persönlichkeit muß ja nicht unbedingt eine Krone auf dem Kopf haben, sagte sie sich, und bewies damit wieder einmal, wie intelligent sie war. Sie befreundete sich sogar mit dem Hund, der schon alt war und sich, wie sie selbst, am liebsten in der Küche aufhielt.

Dort gab es wahrlich viel zu schnüffeln und zu schnuppern, und wenn die beiden der Hunger ankam, begnügten sie sich nicht mit einem Knochen, sondern sie schlabberten und knabberten die gleichen Dinge, die auch auf des Königs Tafel kamen. An den Fastentagen nahm Frau Hoffmann auch schon mal mit einem Mäuslein vorlieb, von denen es fast so viele gab wie Kakerlaken.

Zu dieser Zeit gebar die Königin ein langersehntes Kind, und aus Freude über die Geburt seiner Tochter gab der König ein großes Fest. Dazu war nicht bloß die übliche Society geladen, sondern auch dreizehn weise Frauen, damit sie dem Kind hold und gewogen wären. Weil er aber nur zwölf goldene Teller hatte, von welchen sie essen sollten, so mußte eine von ihnen daheim bleiben.

»Wie ist es möglich«, fragte Frau Hoffmann den Hund, »daß in einem Königsschloß nur zwölf goldene Teller sind? Es fehlt doch sonst an nichts.«

Der schüttelte den Kopf, daß die Flöhe nur so durch die Küche flogen. »Es fehlt an allem! Nicht einmal Kaviarlöffel gibt es hier. Sie essen den Kaviar mit Eierlöffeln!«

»Aber Kaviar gibt es doch jeden Tag, den der liebe Gott werden läßt.«

»Das ist es ja eben. Sie verfressen alles! Hast du die Schinken in der Kammer einmal gezählt?«

»Ein Dutzend?«

»Es sind genau dreiunddreißig, die da hängen! Und die Gläser mit den Trüffeln, die Dosen mit dem Gänseschmalz, die eingemachten Aprikosen und Pflaumen, der Honig und die Nüsse, und erst einmal die vielen Flaschen im Keller! Tausend, sag ich dir.«

»Zweitausend!« berichtigte ihn Frau Hoffmann, die sich im Keller gut auskannte.

»Von mir aus auch dreitausend«, lenkte der Hund ein, der jedem Streit aus dem Wege ging. »Und weil das alles mit glänzenden Goldstücken bezahlt werden muß und ständig neue Sachen angeschafft werden wie Kapaune, Karpfen, Krebse, Rinderzungen, Kalbsfüße und Hammelschwänze ...«

»Und Jakobsmuscheln, Tintenfische, Ochsenbacken, Taubenbrüste, Wachteleier, Ziegenkäse, Trockenfrüchte«, fiel Frau Hoffmann ihm ins Wort, weil sie die Namen fast so gerne aussprach, wie sie die Leckerbissen fraß.

»... und Rochenflügel, Kalbsnieren, Haifischflossen, Tiefseekrabben, Mastpoularden, Gänseklein, Hasenpfeffer, Markknochen, Wildterrinen, Leberwürste, Ziegenschinken, Eselsalami ...«

»... Saiblinge, Rehschlegel, Lammnieren, Hühnerbrüste, Entenbeine, dicke Sahne, fette Krammetsvögel, Austern mit vier Nullen, Räucherlachs, Riesensteaks, Kletzen, Blattgoldrisotto ...«

»Was sind Kletzen?« unterbrach sie der Hund.

»Die kann man essen«, antwortete Frau Hoffmann ausweichend, weil sie es selber nicht wußte. »Jedenfalls sind sie sehr teuer.«

Und so kam es, daß dem König kein Geld blieb, womit er goldene Teller kaufen konnte.

Als nun das große Festessen den Gästen serviert wurde und alle weisen Frauen das Kind mit ihren Wundergaben beschenkten: die eine mit Tugend, die andere mit Schönheit, die dritte mit Reichtum und so weiter, erschien unvermutet die dreizehnte Frau, die nicht eingeladen worden war. Dafür wollte sie sich rächen und rief:

»Die Königstochter soll sich in ihrem fünfzehnten Jahr an einer Spindel stechen und tot hinfallen.« Sprach's und verschwand, wie sie gekommen war.

Dem König gelang es aufgrund seiner Beziehungen noch am selben Abend, den bösen Spruch dergestalt zu mildern, daß es kein Tod sein solle, sondern ein hundertjähriger, tiefer Schlaf.

Frau Hoffmann schenkte diesem Ereignis wenig Aufmerksamkeit. Ihr war zwar nicht entgangen, daß nicht nur im Schloß, sondern im ganzen Land alle Spindeln verbrannt wurden, was für beträchtliche Unruhe sorgte. Wichtiger schien ihr und dem König, daß die Gaben der freundlich gesonnenen weisen Frauen sämtlich erfüllt wurden. Denn das Mädchen war so schön, sittsam, freundlich und verständig, daß jedermann, der sie ansah, sie liebhaben mußte und an die ruinierten Kleinbetriebe keinen Gedanken verschwendete.

Wie es so heranwuchs, ließ die Aufmerksamkeit seiner Eltern nach, die ausgerechnet an seinem fünfzehnten Geburtstag einen Ausflug machten, von dem sie, wie man sehen wird, genau im kritischen Moment zurückkehrten.

Denn während Frau Hoffmann in der Küche die Reste eines Picknicks beseitigte, die Magd ein schwarzes Huhn rupfte, und der Koch den Küchenjungen ohrfeigen wollte, um ihn für die angebrannte Milch zu bestrafen; in dieser Minute, da die Fliegen die Reste eines Reispuddings entdeckten und die Kakerlaken sich mit einem übriggebliebenen Couscous beschäftigten, geschah in einem Turmzimmer genau das, was die böse Frau bei der Taufe geweissagt hatte.

Weil sie so allein gelassen war, ging die Königstochter aller-
orten im Schloß herum, besah Stuben und Kammern, wie sie
Lust hatte, und kam endlich auch an einen alten Turm. Sie
stieg die enge Wendeltreppe hinauf und gelangte zu einer
kleinen Türe. In dem Schloß steckte ein verrosteter Schlüssel,
und als sie ihn umdrehte, sprang die Türe auf, und da saß in
einem kleinen Stübchen eine alte Frau mit einer Spindel und
spann emsig ihren Flachs.

»Guten Tag, du altes Mütterchen«, sprach die Königstochter, »was machst du da?«

»Ich spinne«, sagte die Alte und nickte mit dem Kopf.

»Was ist das für ein Ding, das so lustig herumspringt?«
sprach das Mädchen, nahm die Spindel und wollte auch spinnen.

Frau Hoffmann hatte wie alle Katzen einen besonderen
Sinn für die Umtriebe von Zauberern und Hexen. Sie war
schon Minuten vorher sehr unruhig geworden, als der König
und die Königin von ihrem Ausflug heimkehrten.

›Irgend etwas geht hier nicht mit rechten Dingen zu‹, sagte
sie sich. Und sie sprang durchs Küchenfenster nach draußen
und kletterte auf einen Baum, um die beste Übersicht zu haben.

Da sah sie durch das Fenster im Turm, wie die Königstochter zur Spindel griff und sich in den Finger stach. So ging der
Zauberspruch in Erfüllung, und sie fiel in einen hundertjäh-
rigen Schlaf.

Aber nicht nur die Königstochter allein. Der Rauch aus
dem Schornstein hörte auf zu qualmen, die Tauben auf dem
Dach gurrten nicht mehr, die Pferde im Stall klirrten nicht
mit ihren Ketten, die Hunde im Hof legten sich schlafen, und
auch der Wind legte sich, und auf den Bäumen im Schloßhof
regte sich kein Blättchen mehr.

Dafür aber wuchs um das Schloß herum eine dichte Dornenhecke und wurde immer größer und größer, bis sie endlich das ganze Schloß umzog und darüber hinauswuchs, daß gar nichts mehr davon zu sehen war, selbst nicht die Fahne auf dem Dach.

Die Dornenhecke aber ward nicht nur höher als das Dach, sie ward auch so dicht, daß jedermann, der sie durchdringen wollte, darin hängenblieb und eines jämmerlichen Todes starb. Daß es sich dabei fast ausschließlich um Königssöhne handelte, die zu dem schlafenden Dornröschen (und seiner Mitgift) vordringen wollten, gab dem Geschehen eine besondere Bedeutung für die Medien. So wurde der Schlaf von Dornröschen und seinem Hofstaat ein Dauerthema und brachte viele Besucher vor die das Schloß umgebende Dornenhecke, welche fortan Biotop genannt wurde.

Aber da hatte sich Frau Hoffmann, die nicht einmal zum Küchenfenster vordringen konnte, schon längst auf den Weg zu einem anderen Abenteuer gemacht.

Poulet Royale (Königlich gefülltes Huhn)

Dieses Gericht wird an Königshöfen und in Feinschmeckerhaushaltungen gleichermaßen gern gekocht, weshalb sich beide keine goldenen Teller leisten können. Man benötigt für 6 Personen: 1 körnergefüttertes Huhn von 2,5 kg Gewicht; 200 g frische Gänseleber; 2 pflaumengroße, schwarze Trüffeln; 250 g gekochten Schinken; 150 g Brioche ohne Kruste; Cognac, Petersilie, Pfeffer, Salz und viel Butter.

Das ausgenommene und gewaschene Huhn wird von

*innen gesalzen und mit den angegebenen Zutaten
(außer der Butter) gefüllt.*

*Die Foie gras (Gänseleber) wird sorgfältig von
Sehnen und Adern gesäubert, dann in kleine Würfel
geschnitten, Kantenlänge ca. 1,5 cm. Diese werden
mit Cognac oder Armagnac beträufelt.*

*Die Trüffeln bürsten und ebenfalls würfeln, aber die
Würfel nur halb so groß wie die der Gänseleber.*

*Der Schinken sollte sehr saftig sein. Er wird ebenfalls
in Würfel geschnitten, wobei darauf zu achten ist,
daß der Fettanteil höchstens ein Viertel ausmacht.
Größe wie bei der Foie gras.*

*Brioche ist ein feines Weißbrot, das mit viel Butter
und Eiern gebacken wird. Man kauft es fertig beim
Konditor. Die Rinde wird abgeschnitten und das
Brot ebenfalls in Würfel geschnitten, diese aber
doppelt so groß wie die Schinkenstücke. Sie werden
in einer gebutterten Pfanne geröstet, bis sie
goldbraun sind.*

*Alle gewürfelten Zutaten in einer Schüssel mit reich-
lich gehackter Petersilie bestreuen und locker vermischen. Dabei vorsichtig salzen und pfeffern und
damit das Huhn füllen.*

*Das derart königlich gefüllte Huhn wird zugenäht,
dann von außen gründlich mit Salz eingerieben.*

*Butter erhitzen und damit das Huhn bepinseln. Da-
bei etwa verlorengehendes Salz ersetzen. In eine passende Bratform setzen und in den auf 200° vorgeheizten Ofen schieben.*

*Während der Bratzeit wird das Huhn immer wieder
mit Butter bepinselt.*

Zuerst liegt es 20 Minuten auf einer Seite, dann

20 Minuten auf dem Rücken. Wenn die Haut rumdherum
schön braun geworden ist, dürfte es gar sein. Ein
kleineres Huhn wird dann aber schon zu lange im
Ofen sein.
Das fertige Huhn am Tisch tranchieren und die Fül-
lung gerecht verteilen, damit keine ewigen Feind-
schaften entstehen.

König Drosselbart

Frau Hoffmann war nicht nur eine schöne Katze, wie man weiß, sie war auch intelligent und wußte aus allem, das ihr geschah, den richtigen Nutzen zu ziehen. So überlegte sie diesmal erst gar nicht, ob sie zum Mäusefangen und Käfersammeln in den Wald gehen sollte oder wegen irgendwelcher Brei- und Suppenreste in ein Kuhdorf. Sie hatte gelernt, daß es die besten Leckerbissen bei den Königen und Königinnen gab, und Könige und Königinnen wohnten in Schlössern, welche manchmal einen Garten in französischer Manier hatten, immer aber einen Koch für die französische Küche. Also lenkte sie ihre Schritte geradewegs zum nächsten Schloß.

Als sie es erreichte, waren die Diener und Lakaien damit beschäftigt, ein großes Fest herzurichten.

›Da komme ich ja gerade recht‹, dachte sie und wandte sich an einen Steinkauz, der unterm Dach des Schlosses wohnte: »Gott zum Gruße, lieber Kauz! Sag mir an, wer ist der Herr in diesem Schloß, und was wird heute hier gefeiert?«

»Das Schloß gehört dem König Drosselbart, der hat das Fest befohlen, weil er einen Überraschungsgast erwartet.«

›Ei‹, dachte die Hoffmann, ›das kann ja ich nur sein.‹ Und sie ging in die Küche, um nachzusehen, ob der König Drosselbart auch alles in ihrem Sinne angerichtet hatte. Vorher aber kam sie an einer Kammer vorbei, da stand die Türe offen, und sie sah, daß dort drinnen des Königs goldene Kleider hingen. Wie sie gerade weitergehen wollte, erschien ein Bettelmann, der tauschte seine Lumpen gegen ein Wams mit vielen Edelsteinen ein, die Stiefel gegen ein paar Slipper, und um den Hals band er eine seidene Schleife. Als er auch noch seine Locken bürstete und kämmte, hielt ihn niemand mehr für einen Bettler, so königlich sah er aus.

In der Küche war ein emsig Treiben. Der Koch drehte den Spieß, an dem viele kleine Hühnchen staken, die Lehrlinge putzten die Fische, der Mundschenk füllte Wein in große Krüge, und eine Küchenmagd lag auf den Knien und sammelte die Erbsen ein, die der Hund mit seinem Schwanz vom Tisch gewedelt hatte.

Als Frau Hoffmann an der Küchenmagd vorbeistrich, hob die den Kopf, um sie zu betrachten, und diese sah, daß die Magd von großer Schönheit war. Ihre Kleider waren fleckig und zerrissen, ihre Schuhe durchgelaufen und ihr Haar verfilzt. Aber ihre Haut war zart und weiß, und Frau Hoffmann, die sich inzwischen auskannte in der Welt der Mächtigen, blieb verwundert stehen.

»Was tust du denn hier am Boden?« fragte sie die Magd. »Wenn mich nicht alles täuscht, würde dir ein Seidenkleid viel besser stehen als der alte Lumpen, und Schuhe zum Tanzen brächten deinen Füßen mehr Glanz als die Galoschen!«

Da brach die Küchenmagd in Tränen aus und vertraute sich der klugen Katze an.

Ja, sie war einstmals eine stolze Königstochter und hatte all die schönen Kleider und Schuhe und ein Krönlein noch dazu. Eines Tages lud ihr Vater, der König, alle Edelleute, Grafen, Herzöge und Königssöhne ein, damit sie unter diesen einen Gemahl sich wählen könne. Doch so stolz war sie, daß ihr keiner gut genug erschien, und sie alle mit Spott überhäufte. Am schlimmsten aber bedachte sie einen, den sie König Drosselbart nannte, weil sein Kinn wie der Schnabel einer Drossel war.

»Drosselbart? Drosselbart?« murmelte Frau Hoffmann, und ihr war, als habe sie den Namen schon gehört. Doch die herrlichen Düfte aus den Kasserollen und der Anblick einer meterhohen Eistorte lenkte ihre Aufmerksamkeit so ab, daß sie nicht weiter drüber nachdachte.

Die Küchenmagd aber erzählte, wie ihr Vater zornig wurde über ihren Hochmut und sie dem ersten Bettelmann mitgab, der ins Haus kam. Es half keine Einrede, der Pfarrer ward geholt, und sie mußte sich gleich mit dem Bettler trauen lassen. Der nahm sie mit in seine elende Hütte, und nun mußte sie für ihn so schwere Arbeit leisten, daß sie in einem fort jammerte:

> »Ich arme Jungfrau zart,
> ach, hätt ich genommen den König Drosselbart!«

Sie mußte Weiden flechten, die ihre zarten Hände zerstachen; sie versuchte zu spinnen, aber der harte Faden schnitt ihr in die weichen Finger; und als sie mit Töpfen und irdenem Geschirr auf dem Markt saß, damit die Leute es kaufen sollten, kam ein betrunkener Husar dahergeritten, geradewegs in ihre Töpfe hinein, daß alles in tausend Scherben zersprang.

Da weinte sie bitterlich und jammerte wie zuvor:

> »Ich arme Jungfrau zart,
> ach, hätt ich genommen den König Drosselbart!«

Schließlich schickte der Bettelmann sie an des Königs Hof, wo sie jetzt in der Küche auf den Knien lag und der Katze ihr unglückliches Leben erzählte.

Dieser gefiel der knappe Zweizeiler ganz und gar nicht. Die verdrehte Satzstellung, der erzwungene Reim und der wehleidige Ton sowie die Unterstellung, sie sei eine zarte Jungfrau, wo sie doch nach eigenen Angaben mit dem Kerl, der sie zweifellos ausnutzte und das Urbild eines Machos sein mußte, verheiratet war – das alles machte ihr die Magd nicht sehr sympathisch.

»Kannst du wenigstens kochen?« fragte sie die Magd.

»Ja, das hab' ich lernen müssen.«

»Kannst du auch Knöpfe annähen?«

»Ja, das hab' ich lernen müssen.«

»Kannst du Hemden bügeln, Strümpfe stopfen, Schuhe putzen, Teppiche klopfen und Marmeladen kochen?«

»Ja, das hab' ich lernen müssen.«

Das nahm Frau Hoffmann dann wieder etwas ein für die Küchenmagd. Sie selber würde nichts davon je tun wollen und lieber Vogelnester plündern und Sardinen stehlen. Aber irgend jemand mußte derlei Arbeiten ja verrichten, und wenn es eine heruntergekommene Königstochter war.

Und wie sie sich gerade eine gerupfte Wachtel einverleibte, die der Koch per Dutzend auf dem Tisch bereitgelegt hatte, fiel ihr der Steinkauz ein und was der zu ihr gesagt hatte und was sie danach im Ankleidezimmer des Königs beobachtet hatte.

Sie sprang vom Tisch herunter und stellte sich der Küchenmagd gegenüber. »Wenn ich du wär, würd ich mal durch die Tür in den Ballsaal schauen«, sagte sie. Und als die Magd nur verständnislos blickte, setzte sie hinzu: »Wenn dir das was bringt, bin ich mit zwanzig Prozent beteiligt. Einverstanden?«

Das verstand die Magd jedoch überhaupt nicht. Sie hatte gelernt, wie man kocht, Knöpfe annäht, Hemden bügelt, Socken stopft und dergleichen nützliche Dinge mehr. Doch hatte sie das so sehr in Anspruch genommen, daß ihr für ein Universitätsstudium keine Zeit blieb. Also fragte sie nur zaghaft: »Zwanzig Prozent von was?«

Frau Hoffmann zerrte sie kurz entschlossen in Richtung Ballsaal, dessen Tür nicht ganz geschlossen war. Als nun die Magd durch den Türspalt blickte, stieß Frau Hoffmann sie in den Saal, wo der König mit seinem Hofstaat stand. Als er die Küchenmagd in den Raum stolpern sah, kam er herbeigerannt und nahm sie beim Arm.

Frau Hoffmann hatte genug gesehen. ›Zwanzig Prozent von allem, natürlich‹, freute sie sich und lief zurück in die Küche, wo sie furchtlos auf den Tisch sprang und sich eine zweite Wachtel griff.

Drosselbarts Wachteln

Die Wachteln, welche Frau Hoffmann in der Küche des Königs Drosselbart fand, haben sicherlich anders geschmeckt als die Wachteln, die wir heute kaufen können. Unsere Wachteln stammen ausnahmslos aus Wachtelfarmen; damals waren es noch Wildvögel.

Um also den fehlenden Eigengeschmack zu ersetzen, werden die Hühnervögel gefüllt.

Für die Füllung braucht man zu gleichen Teilen: Hühnerleber, Champignons, Fetakäse.

Die Lebern zunächst von Adern und Sehnen säubern, dann grob hacken. Der Käse wird in kleine Würfel zerbröselt, die Champignons geputzt und, ohne Stiele, ebenfalls gewürfelt, danach in Butter gebraten. Dabei kräftig pfeffern (schwarz, gemörsert), leicht salzen und mit Zitronensaft würzen.

*Lebern, Käse und Pilze vermischen und damit die
Wachteln füllen.*

*Diese müssen nicht zugenäht werden. Sie werden
einfach nebeneinander in einen passenden Bräter
gelegt und, nachdem sie von außen gesalzen wurden,
in Speckfett gebraten.*

*Dazu habe ich eine großzügige Menge geräucherten
Bauchspeck gewürfelt und in etwas Öl langsam, aber
gründlich in dem Bräter ausgelassen. Ins heiße Fett
kommen zunächst eine Handvoll Salbeiblätter und
pro Vogel 1 Lorbeerblatt. Die Blätter werden nach
wenigen Minuten herausgefischt und die Wachteln
mit dem Rücken ins heiße Fett gelegt.*

*Sodann bepinsele ich sie auf der Oberseite mit dem
Fett, worauf sie mit den beiseite gelegten Kräutern
bedeckt werden. Darauf lege ich einige dünne Streifen Speck von der Sorte, die man für Spiegeleier
braucht. Nun 10 Minuten auf dem Herd anbraten,
dann die Hitze reduzieren und im geschlossenen Topf
gar schmoren. Das dauert noch einmal 30 Minuten,
dann sind die Wachteln zart, und ihre Füllung hat ein
wunderbares Aroma entwickelt.*

*Die Speckstreifen und Lorbeerblätter werfe ich weg.
Ich nehme die Wachteln aus dem Bräter und lasse
darin kleine, vorgekochte Pellkartoffeln heiß
werden. Bei einer Wachtel pro Person ergibt das eine
raffinierte Vorspeise; für ein Hauptgericht ist eine
Wachtel zu wenig. Da sollten es 1½ bis 2 sein. Und
passende Gemüse wie junge Erbsen (im Frühsommer)
oder Linsen (im Winter) verhelfen dem Hühnervogel
zu einem Ehrenplatz auf der Tafel jedes Königs.*

Der Wolf und die sieben Geißlein

Nach einer längeren Regenzeit, die Frau Hoffmann in der Küche des Königs Drosselbart verbrachte, schien wieder die Sonne, und die schöne Katze hatte Sehnsucht nach neuen Abenteuern. Sie sagte dem Steinkauz ade, klemmte sich eine Wachtel zwischen die Zähne und ging hinaus zu den Libellen am Bach, dem sie folgte, bis sie an eine Hütte kam.

Aus der stieg ihr der zarte Duft von Ziegen in die Nase, und wenn es auch Leute gibt, die den Duft der Ziege weder zart finden noch überhaupt Duft nennen, so wußte die kluge Frau Hoffmann doch ganz genau: Ziegen geben süße Milch, locken Mäuse an und gelegentlich sogar junge Kaninchen, die sich am Ziegenfutter gütlich tun. ›Was will ich mehr‹, dachte die Katze, welche die französische Küche leid geworden war, wie sie im Schloß tagein, tagaus gekocht wurde. ›Eine Schüssel frischer Ziegenquark, das wär genau, worauf ich Hunger habe‹, dachte sie und klopfte an die Tür der Hütte.

Drinnen wohnten eine Ziegenmutter und ihre sieben jungen Geißlein. Die Mutter war im Wald, um Futter zu holen, und hatte ihre sieben Kinder folgendermaßen informiert: »Liebe Kinder, ich will hinaus in den Wald, seid auf eurer Hut vor dem Wolf; wenn er hereinkommt, frißt er euch mit Haut und Haar.«

Die Geißlein sagten: »Liebe Mutter, wir wollen uns schon in acht nehmen, Ihr könnt ohne Sorge fortgehen.«

Das haben bisher noch alle jungen Ziegen gesagt, aber jeder Sozialarbeiter weiß, wie solche Versprechungen einzuschätzen sind.

Als nun Frau Hoffmann klopfte, meckerten sie hinter der verriegelten Tür wie wild, aber kein Geißlein achtete auf die Dachluke. Durch die schlüpfte Frau Hoffmann leise und unbemerkt ins Haus und setzte sich an den Tisch, auf dem sieben Tellerchen und sieben Becherchen standen und sieben Gäbelchen lagen.

Es war ein Sonntag, und die alte Geiß hatte alles für einen Brunch vorbereitet, wie es ihre Geißlein liebten. Da stand die Milch im Krüglein, der Joghurt im Becherchen, die Eierchen warteten unter ihren Häubchen und die Brötchen im Körbchen. Das Müsli, der Ahornsirup, die Obstsäfte – alles war aufgefahren, daß die sieben Geißlein nur zugreifen mußten. Doch wie sie von der Haustür zurückkamen und sich an den Tisch setzen wollten, da saß dort schon eine schöne Katze und ließ die Krallen wählerisch über dem Lachs und dem Tartar von Räucheraal kreisen.

»Ja, wer bist denn du? Mutter hat uns vor dem bösen Wolf gewarnt, auch dem Gerichtsvollzieher dürfen wir nicht öffnen. Aber von dir, du Katze, hat sie nichts gesagt!«

»Ich bin die Coverkatze auf dem Stärkepaket. Aber ihr dürft Frau Hoffmann zu mir sagen«, gab sie leutselig Auskunft auf die Frage der sieben Geißlein. »Aber sagt, was ist mit dem bösen Wolf, vor dem die Mutter euch gewarnt hat?«

Da erzählten sie alle gleichzeitig, wie der sich würde verstellen können und sie alle sieben, käme er erst einmal ins Haus, mit Haut und Haaren fressen möchte. Tatsächlich war der schlechte Ruf des Wolfs auch schon Frau Hoffmann zu Ohren gekommen, und die Vorstellung, er könne und würde sieben junge Geißlein mit Haut und Haaren fressen, erfüllte sie mit Grausen. Ihr war schon nach zwei Mäusen schlecht, und an den Finken, die sie sich zum Frühstück holte, nippte sie nur.

»So haltet die Tür nur gut verschlossen!« riet sie und probierte vom Frühstücksbüffet eine Scheibe Räucherlachs. Es war Zuchtlachs, kein Wildlachs, wie sie sofort erkannte. ›Eine Mutter mit sieben Kindern wird sich wohl nichts Besseres leisten können‹, dachte sie bedauernd und streckte die Pfote nach einem Blätterteigtäschchen aus, welches mit einem Pilzpüree gefüllt war.

Indem sie von der entrahmten Frischmilch schleckte, klopfte es an der Tür. »Wer ist da?« riefen die Kinder, und eine Stimme antwortete:

»Macht auf, ihr lieben Kinder, eure Mutter ist da und hat jedem von euch etwas mitgebracht.«

Vermutlich nichts als Gras, dachte Frau Hoffmann, da riefen die sieben Geißlein unisono: »Wir machen nicht auf, du bist unsere Mutter nicht, die hat eine feine und liebliche Stimme, aber deine Stimme ist rauh; du bist der Wolf!«

Daß die Stimme für eine alte Geiß nicht typisch war, hatte Frau Hoffmann auch bemerkt. Aber die Hellhörigkeit der sieben Geißlein beeindruckte sie doch. Sie setzte sich wieder an den Frühstückstisch und probierte das hausgemachte Käsesoufflé. ›Köstlich!‹ dachte sie. ›Die Alte mag stinken wie ein Bock, aber kochen kann sie, das muß der Neid ihr lassen.‹

Sie probierte noch dies und das und trabte anschließend auf den Dachboden, um ein kleines Schläfchen zu halten. Doch dazu kam sie nicht, denn unten in der Stube war zu viel Lärm. Zuerst machten sich die sieben Geißlein über das Frühstück her, preßten Orangen aus, schälten Eier und Bananen; Matjes und Bückling wurden aufgetragen und getrocknete Früchte auf den Tellerchen verteilt.

Dann klopfte es wieder an der Tür, und wieder bat jemand

mit den gleichen Worten um Einlaß: »Macht auf, ihr lieben Kinder, eure Mutter ist da und hat jedem etwas mitgebracht!« Diesmal klang die Stimme lieblich und fein. Aber nur, wie Frau Hoffmann später erfuhr, weil der Wolf Kreide gefressen hatte.

Die Geißlein ließen sich jedoch nicht hinters Licht führen. Sie identifizierten den bösen Wolf an seinem schwarzen Fuß und dachten gar nicht daran, ihm die Tür zu öffnen.

Dann schlief Frau Hoffmann ein. Weil sie ein paar rohe Zwiebelchen mitgegessen hatte, die für Geißlein ein Lieblingsgericht sind, für Katzen aber äußerst unbekömmlich, wachte sie nach kurzer Zeit wieder auf. Das war der Moment, wo der Wolf in die Stube eindrang und die als Geißenmassaker von Kuckuckshausen bekanntgewordene Völlerei begann.

Irgendwie war es ihm gelungen, die jungen Geißlein zu täuschen, daß sie ihm die Tür öffneten. Die erschraken zu Tode und versteckten sich. Das eine sprang unter den Tisch, das andere ins Bett, das dritte in den Ofen, das vierte in die Küche, das fünfte in den Schrank, das sechste unter die Waschschüssel, das siebente in den Kasten der Wanduhr. Aber der Wolf fand sie alle und machte nicht langes Federlesen. Eins nach dem anderen schluckte er in seinen Rachen; nur das jüngste im Uhrenkasten, das fand er nicht. Dann ging er satt nach draußen und legte sich auf der grünen Wiese schlafen.

Frau Hoffmann wußte, daß sie als Kronzeugin ihres Lebens nicht mehr sicher war. Entweder hielte die alte Geiß sie selber für den Mörder, oder der Wolf würde, wenn er von ihr erführe, sie mit allen Mitteln aus dem Weg räumen wollen. Also lag sie mucksmäuschenstill auf dem Dachboden und spähte durch die Ritze im Boden in die Stube. Da kam auch schon die alte Geiß und machte ein großes Spektakel! Sie suchte nach ihren Kindern und rief sie alle beim Namen, aber keines antwortete: Erst als sie an das letzte kam, rief ein feines Stimmchen: »Liebe Mutter, ich stecke im Uhrkasten!«

Da kam auch Frau Hoffmann vom Dachboden herunter und drückte der alten Geiß ihr tiefempfundenes Beileid aus. Sodann suchte sie unter dem umgestürzten Tisch nach den Resten des Frühstücksbüffets und fand tatsächlich kleine Anchovis, welche sie sich mit einem Klacks Mayonnaise genußvoll von der Pfote leckte.

Dann gingen alle vors Haus und sahen den Wolf auf der Wiese liegen und schnarchen, daß die Äste zitterten. Frau Hoffmann, die die feinsten Ohren hatte, stellte beim Wolf einen siebenfachen Herzschlag fest. »Das kann durch Mutation hervorgerufen sein; ich sage nur Tschernobyl«, erklärte sie der jungen und der alten Geiß.

»Es kann aber auch bedeuten, daß es in seinem Bauch noch Überlebende gibt.« Da mußte das Geißlein nach Haus laufen und Schere, Nadel und Zwirn holen, und dem Ungetüm wurde der Bauch aufgeschnitten. Und siehe!, da sprangen nacheinander alle sechs jungen Geißlein heraus, und alle waren noch am Leben!

Frau Hoffmann rieb sich die Augen, aber es war kein Traum. Die alte Geiß rieb sich die Augen, aber vor Freude. Und die sechs jungen Geißlein rieben sich die Augen, weil im Bauch des Wolfs noch ein Rest Currysuppe gewesen war.

So waren alle glücklich und feierten die Auferstehung. Sie mieteten sich eine Kutsche und fuhren ins Grüne, wo sie Disteln, frische Kräuter und alles Papier fraßen, was auf den Wiesen zu finden war. Dem Wolf aber hatten sie eine Ladung Wackersteine in den Bauch genäht, mit der sein Organismus nicht fertig wurde, so daß er bald darauf elendig krepierte.

Und Frau Hoffmann? Frau Hoffmann saß auf dem Dach der Kutsche, als sie am Waldrand einen Kater spazierengehen sah, der hatte große Stiefel an und trug auf dem Kopf einen mit Federn geschmückten Hut. Mit einem Satz war sie am Boden und rannte auf ihn zu.

Geißenbraten

Sogar der böse Wolf wußte, daß Ziegen um so besser schmecken, je jünger sie sind. Wir Feinschmecker kaufen deshalb Ziegenfleisch nur im Frühling. Die Metzger haben entweder Vorder- oder Hinterviertel im Angebot. Obwohl zu jedem Hinterviertel die Keule gehört, welche bei allen Vierbeinern dem Schulter genannten Vorderbein vorgezogen wird, plädiere ich bei der Ziege für ein Vorderviertel. Also die Schulter und eine Reihe Rippen. Letztere sind nichts anderes als winzige Koteletts und ein besonderer Leckerbissen.

Wie alles Fleisch von so jungen Tieren, hat eine junge Ziege wenig Eigengeschmack. Sein Vorzug ist seine Saftigkeit, die jedoch auch ein Problem darstellt: Wird es nicht sehr scharf an- und bei großer Hitze weitergebraten, mißrät es leicht zum harten und faserigen Braten. (Das passiert besonders leicht bei der Keule.) Es ist deshalb sowohl die Langzeitbratmethode zu vermeiden, wie auch junges Fleisch nicht rosa gegessen werden sollte. Durchgebraten schmeckt es besser.

Damit ist der Bratvorgang schon beschrieben. Also den Ofen auf die größte Hitze vorheizen. Das

Ziegenviertel (reicht höchstens für 4 Personen)
salzen, pfeffern und einölen und auf das Bratblech
legen. Sobald an der Oberfläche die ersten dunkel-
braunen Stellen sichtbar werden, herumdrehen.
Dabei wird weiteres Olivenöl angegossen, wahr-
scheinlich auch nachgesalzen. Das entscheidet der
Koch vom »Gasthof zum Lamm«, indem er mit
angelecktem Finger über das Fleisch streicht und den
Finger ableckt.
Weiter bei großer Hitze braten und nach ungefähr
30 Minuten Bratzeit folgendes zum Fleisch legen:
3 Zweige Rosmarin, so viele geschälte Knoblauch-
zehen wie möglich, 1 in Scheiben geschnittene
mittelgroße Tomate.
Wegen der notwendigen hohen Temperatur ist dem
Braten große Aufmerksamkeit zu widmen! Je nach
der Effizienz des Backofens ist der Inhalt im Hand-
umdrehen verbrannt!
Die Zugabe einer Flüssigkeit ist erst in der letzten
Phase ratsam, da sie aus dem knusprigen Braten ein
labbriges Schmorgericht machen kann. Deshalb darf
es auch nicht viel sein; gerade genügend, damit sich
kein verbrannter Bodensatz auf dem Bratblech bil-
den kann. Also kein Kinderspiel, so ein Ziegenkind
zu braten!
Die Flüssigkeit, die da angeschüttet wird, ist ent-
weder ein vorbereiteter, dunkler Fond oder das
Einweichwasser von Trockenpilzen, welche mit den
Tomatenscheiben zum Fleisch gelegt werden (Stein-
pilze, Shiitake oder Morcheln).
Rosmarin und Tomate werden wegen ihres
Geschmacks mitgebraten, Pilze und Knoblauch wird

man auch essen wollen. Aber als richtige Gemüse-
beilage eignen sich zum Ziegenbraten, der Jahreszeit
entsprechend, frische Erbsen, frischer Spargel und
natürlich kleine, ungeschälte Frühkartoffeln.

Ende gut, alles gut

Als Frau Hoffmann den Waldrand erreichte, war der Kater verschwunden. Sie suchte hinter dem Jasmin, kletterte auf eine Akazie und kroch in eine Kaninchenhöhle, aber sie fand ihn nicht. Einmal glaubte sie ihn hinter jungen Tannen zu hören, und einmal war ihr, als sähe sie seinen Hut über einer Buchenhecke auftauchen. Aber so sehr sie auch rannte, sie bekam ihn nicht zu fassen.

Alsbald gelangte sie an ein Häuschen, davor brannte ein lustiges Feuerchen, und ein gar zu lächerliches Männchen hüpfte auf einem Bein drum herum.

»He, Gevatter Rippenbiest oder Hammelswade oder wie du auch heißen magst«, sprach Frau Hoffmann ihn an, »hast du nicht einen stolzen Kater vorbeigehen gesehen, der auf dem Kopf einen schönen Hut und an den Füßen große Stiefel trägt?«

Doch das Männlein schien sie nicht zu bemerken. Es hüpfte wie ein Heuschreck und schrie dabei:

> »Heute back' ich, morgen brau' ich,
> übermorgen hol' ich der Königin ihr Kind
> ach, wie gut, daß niemand weiß,
> daß ich Rumpelstilzchen heiß'!«

»Schon gut, Rumpelstilzchen«, sagte Frau Hoffmann, nun etwas lauter als beim ersten Mal. »Hast du einen Kater gesehen, der einen schönen Hut auf dem Kopf und an den Füßen große Stiefel trägt?«

Aber das Männlein hüpfte weiter wie in Trance und wiederholte seinen Vers ein ums andere Mal, bis jeder Maulwurf im Walde und jeder Wandersmann auf der Straße wußte, was es vorhatte und wie es hieß.

Frau Hoffmann hatte keine Zeit zu verlieren. Sie rannte weiter, einem schwachen Duft nach, der von den Stiefeln des feschen Katers herrühren konnte. Und je weiter sie rannte, um so stärker wurde der Duft. Als der Weg um eine große Linde bog, sah sie vor sich einen Bursch auf der Erde sitzen, der hielt sich den Kopf, weil ihm seine Kuh, die er hatte melken wollen, einen gehörigen Tritt versetzt hatte. Und aus der anderen Richtung kam ein Metzger, der schob auf einem Karren ein junges Schwein vor sich her. »Was sind das für Streiche«, rief er und half dem Burschen, welcher Hans hieß, auf die Beine. Der Hans begann alsbald von seiner Kuh zu erzählen, wie er sie für ein Pferd und dieses für einen Klumpen Goldes eingehandelt hatte. Frau Hoffmann unterbrach die langatmige Schilderung.

»Entschuldigt, Ihr Herren. Ich bin in großer Eile und suche einen Kater, den ihr vielleicht gesehen haben könntet. Er ging entweder in eure Richtung, Hans, oder aber in eure, Herr Metzger.«

»Wie sieht er denn aus, dein Kater?«

»Oh, er ist groß und stolz!«

»Nun, das sind sie alle. Keine besonderen Kennzeichen?«

»Auf dem Kopf trägt er einen schönen Hut.«

»Sonst noch was?«

»An den Füßen hat er prächtige Stiefel.«

»Farbe? Größe?«

Das wußte Frau Hoffmann nicht, und sie biß nervös in ihre Pfote.

»Wie ich Kater kenne, die sich so ausstaffieren«, sagte schließlich der Metzger, der das Wort führte, weil Hans kaum zuhörte, sondern begehrlich das Schwein musterte, »so ist er wahrscheinlich zum Maskenball auf des Königs Schloß gegangen. Da magst du ihn suchen.« Und er wandte sich wieder dem Hans zu, denn er witterte einen guten Handel.

Frau Hoffmann aber lief weiter und weiter, bis sie dicht an die See kam, da traf sie den Fischer *un syne Fru, de waanden tosamen in'n Pißputt, un de Fischer güng alle Dage hen un angeld.* Frau Hoffmann wollte ihn fragen, ob er vielleicht einen stolzen Kater mit einem schönen Hut und großen Stiefeln gesehen habe. In diesem Moment zog der Fischer *einen grooten Butt heruut. Do säd de Butt to em* »*Hör mal, Fischer, ik bidd dy, laat my lewen, ik bün keen rechten Butt, ik bün'n verwünschten Prins.*«

Da ließ sie mutlos den Schwanz hängen, denn wenn zwei so reden und einer behauptet auch noch, ein verwunschener Prinz zu sein, die würden ihr in ihrer krausen Sprache über den Kater wer weiß was erzählen, alles unverständlich und gelogen. Also lief sie weiter auf der Suche nach dem stolzen Kater.

Sie traf noch so manchen, den sie nach dem Kater fragte, einmal war es ein Mädchen, das hatte ein Reh an der Leine, ein anderes Mal flogen sieben Raben am Himmel, die aber auch von da oben keinen Kater entdecken konnten.

Schließlich sah sie einen Wicht, der war nicht größer als ein Daumen. Der schrieb mit Kreide an eine Haustüre:

»Kartoffel zu viel, Fleisch zu wenig,
adjes, Herr Kartoffelkönig.«

»Was soll denn das bedeuten, Meister Däumerling?« fragte
Frau Hoffmann, die einen Grund suchte, mit dem Winzling
ins Gespräch zu kommen. In Wirklichkeit interessierte sie sich
nicht für Kartoffeln, sondern nur für den stolzen Kater.

Deshalb unterbrach sie auch bald seine Erklärung und
fragte geradeheraus, ob er nicht einen stolzen Kater gesehen
habe.

»Höre, du neugierige Katze: ich bin der Frau Meisterin
entwischt, habe dem König den Goldschatz verkleinert, bin
Räuberhauptmann gewesen, wurde von einer Kuh ver-
schluckt und geriet sogar in die Blutwurst. Dort überwinterte
ich und wurde schließlich von einem Fuchs gefressen.

Und da soll ich mich um einen blöden Kater kümmern?«

Als er so von dem stolzen Kater sprach, hatte Frau Hoffmann nicht übel Lust, mit ihm Katz und Maus zu spielen.
Aber sie erkannte auch, daß er ein Schneider war und sowieso
nur Unsinn schwätzte.

Also ging sie fort und erreichte eines Tages das Haus, aus
dem sie vor langer Zeit aufgebrochen war, um die Kunst der
Kateranmache zu lernen.

Der Mann und die Frau freuten sich von ganzem Herzen,
daß ihre schöne Katze wieder heimgekehrt war, und gaben
ihr Sardinen zu fressen und schüttelten ihr Kissen auf. Darauf
legte sie sich schlafen. Als sie aber am anderen Morgen auf-
wachte, lagen neben ihr sechs kleine Kätzchen und ein sie-
bentes, das hatte ein hübsches Hütchen auf dem Kopf und
trug kleine Stiefelchen an den Füßchen. Da schnurrte Frau
Hoffmann zufrieden, und wenn sie nicht gestorben ist, so
schnurrt sie noch heut.

Marinierte Makrelen

*Eine sommerliche Vorspeise, erfrischend sauer und
appetitanregend. Frau Hoffmann mag zwar Sardinen lieber als Makrelen, aber frische Sardinen
gehören nicht zum ständigen Angebot in der
Grimmschen Welt.*
*Deshalb also pro Person mindestens 1½ junge, also
kleine Makrelen. Kopf und Schwanz ab- und Bauch
aufschneiden, ausnehmen. Das macht der Händler.
Zu Hause unter fließendem Wasser abspülen und
auseinanderklappen.*
*In einer Kasserolle folgenden Sud kochen: 1 große,
sehr fein gehackte Zwiebel; 1 in feine Ringe geschnittene Zwiebel; 1 in dünne Scheiben geschnittene
Karotte; 1 Lorbeerblatt; ½ saurer Apfel, geschält,
entkernt und in Scheiben geschnitten. Mit Cidre und
Apfelessig (2 : 1) langsam zum Kochen bringen. Salzen
und mit 1 EL schwarzer Pfefferkörner würzen.
Abschmecken und eventuell noch Essig dazugießen.
Die Marinade soll sauer und scharf sein.*
*Eine Porzellanform, in der die Makrelen neben-
einanderliegen können, im Backofen erhitzen. Wenn
die Apfelscheiben in der Marinade gar sind, die
Makrelen in die heiße Form geben und den köcheln-
den Sud mit allen Zwiebeln und Gewürzen darüber-
schütten. Die Form abkühlen lassen. Dann über
Nacht im Kühlschrank abstellen, damit die Filets
durchziehen.*
*Vor dem Servieren nehme ich die Filets aus ihrer
Marinade und entferne das Rückgrat mit den daran-
sitzenden Gräten. Das geht nicht immer reibungslos;*

eventuell muß ich noch im Fleisch steckende Gräten einzeln herauszupfen. Nachdem ich die beiden nun grätenlosen Hälften der Makrelen auch noch getrennt habe, plaziere ich sie auf die Teller und lege etwas von dem Marinaden-Gemüse daneben.

Diese leichte und frische Vorspeise kann mit warmen Salzkartoffeln gegessen werden. Ein aufgebackenes, weißes Stangenbrot ist aber vorzuziehen. Als Getränk hat es ein Wein schwer, gegen die aromatische Säure des Suds anzukommen. Deshalb, und weil ja Sommer ist, ziehe ich einen trockenen Cidre vor.